STARK

TRAINING FRANZÖSISCH

Heller-Doyère • Wußler

Zentrale Klassenarbeit

Übungstexte mit Aufgaben und Lösungen

STARK

Bildnachweis
Umschlagfoto: Liam Cleary
S. 1, 35: Uwe Brunn; S. 2, 5, 20: Sybille Treugut; S. 8, 11, 29: Andrea Zeller; S. 14: Manfred Braunger; S. 17: Jean-Loup Charmet; S. 32: Karim Saad; S. 26: Karl Johaentges; S. 23: Ciné-Télé-Revue, 19 au 25 février 2000, p. 60; S. 39: A. D. Bernstein/NBA photos.

Der Verlag hat sich bemüht, die Urheber der in diesem Buch abgedruckten Abbildungen ausfindig zu machen. Wo dies nicht gelungen ist, bitten wir diese, sich ggf. an den Verlag zu wenden.

ISBN: 3-89449-467-0

Inhalt

Vorwort

Liebe Schülerin, lieber Schüler,

das vorliegende Übungsbuch soll dir helfen, dem „Schreckgespenst“ zentrale Klassenarbeit am Ende der 10. Klasse mit Gelassenheit zu begegnen.
Die Texte, die wir für dich ausgewählt haben, orientieren sich in Umfang und Schwierigkeitsgrad an der zentralen Klassenarbeit und sind damit eine **ideale Vorbereitung für die Prüfung.**

Darüber hinaus ist dieses Buch aber auch bestens dazu geeignet, Arbeitstechniken zu entwickeln, die in der Oberstufe unerlässlich sind. Bezüglich der **Textarbeit** sind dies vor allem:
- Wiedergabe von Textinhalten
- Paraphrasieren
- Kommentieren

Im Hinblick auf die **Übersetzung** können die Texte dieses Buches als Vorstufe zur Oberstufe angesehen werden.

Am Schluss dieses Buches findest du einen **Lösungsteil** mit dem Erwartungshorizont für die Textaufgaben und Lösungsvorschläge für die Übersetzungen.

Wir wünschen dir viel Freude bei der Arbeit mit diesem Buch und viel Erfolg für die zentrale Klassenarbeit.

(Christiane Heller-Doyère) (Werner Wußler)

Hinweise zur effektiven Vorbereitung auf die zentrale Klassenarbeit

Woraus besteht die zentrale Klassenarbeit?
Die zentrale Klassenarbeit umfasst zwei Aufgabenteile:

Teil A: eine Textaufgabe, in der Fragen zu einem Text beantwortet werden müssen;

Teil B: eine Übersetzung vom Französischen ins Deutsche.

Für beide Teile steht eine Arbeitszeit von insgesamt 90 Minuten zur Verfügung. Wie viele Minuten davon zur Bearbeitung von Teil A bzw. Teil B aufgewendet werden, bleibt der Schülerin oder dem Schüler überlassen.

Wie teile ich mir die Arbeitszeit ein?
Die meisten Schüler benötigen mehr Zeit zur Bewältigung der Textaufgabe. Sie besteht aus einem französischen Text mit einem Umfang von ca. 330–350 Wörtern, was etwa einer DIN-A4-Schreibmaschinenseite entspricht. Zu diesem Text sind drei Fragen zu beantworten, von denen die ersten beiden Inhaltsfragen sind, die sich ausschließlich auf den Text beziehen. Die dritte Frage geht über den Text hinaus, d. h. hier wird der Schüler nach seiner persönlichen Meinung zum Thema gefragt. Für die Beantwortung dieser drei Fragen erhält der Schüler maximal 12 Inhaltspunkte. Wie viele davon auf die einzelnen Fragen entfallen, wird in der Aufgabenstellung angegeben.
Für die Bearbeitung des Aufgabenteils A sollte man ca. 50 Minuten veranschlagen. Damit bleiben für die Übersetzung (Teil B) 35 Minuten Arbeitszeit. Im Einzelnen hat sich dabei folgende Einteilung bewährt:

Teil A:	1. Lesen des Textes	5 Minuten
	2. Bearbeitung der Fragen	40 Minuten
	3. Überprüfen des eigenen Textes	10 Minuten
Teil B:	1. Lesen des Textes	5 Minuten
	2. Übersetzung	25 Minuten
	3. Überprüfen der Übersetzung	5 Minuten

Wie lese ich den Text?
Es ist wichtig, den Text gründlich zu lesen, wobei es im Wesentlichen erst einmal darauf ankommt, den Inhalt des Ganzen zu erfassen.

Wie beantworte ich die Fragen?
Die Antworten auf die Fragen 1 und 2 sind immer im Text zu finden. In der Fragestellung sind meist Hinweise darauf gegeben, wo im Text die Antwort zu suchen ist („Référez-vous au premier paragraphe", d. h. „Beziehen Sie sich auf den ersten Abschnitt"). An der Anzahl der Verrechnungspunkte kann abgelesen werden, wie viele Aspekte oder Punkte in der Antwort enthalten sein müssen.
Wenn du die entsprechende Textstelle gefunden hast, unterstreiche sie im Text. Der nächste Schritt besteht darin, den Inhalt der unterstrichenen Textpassagen mit eigenen Worten wiederzugeben. Es ist nicht erlaubt, Textstellen wörtlich zu übernehmen!
Dies ist vielleicht der anspruchsvollste Arbeitsschritt. Deshalb möchten wir dir an dieser Stelle einige Tipps geben, wie du am besten dabei vorgehst:

Suche Synonyme (Wörter mit gleicher Bedeutung) z. B.:
Originaltext: «Les immigrés ont constaté qu'il y a des différences de mentalité en France».
Eigener Text: «Les immigrés ont vu qu'il y a des différences de mentalité en France».

Ersetze Nomen durch Pronomen:
Originaltext: «Les immigrés ont vu qu'il y a des différences de mentalité en France».
Eigener Text: «Ils ont vu qu'il y a des différences de mentalité en France».

Verwende Wörter aus derselben Wortfamilie und strukturiere die Sätze um:
Originaltext: «Ils ont vu qu'il y a des différences de mentalité en France».
Eigener Text: «Ils ont vu que la mentalité en France est différente».

Wie kann ich meinen eigenen Text überprüfen?
Überprüfe zunächst, ob dein Text alle inhaltlichen Aspekte enthält. Als nächstes konzentriere dich nur auf die Grammatik und die Rechtschreibung: Konjugation der Verben, Plural „s", Angleichung der Adjektive, Zeiten usw.

Wie gehe ich an die Übersetzung heran?

Lesen des Textes

Auch hier geht es zunächst einmal nur darum, den Inhalt als Ganzes zu erfassen. Halte dich nicht damit auf, über einzelne Wörter, deren Bedeutung du nach dem ersten Durchlesen nicht erfasst, nachzugrübeln.

Übersetzung

Für die Übersetzung gelten folgende Leitfragen:
- Was ist die Botschaft, was will der Autor sagen?
- Wie gebe ich diese Aussage in korrektem Deutsch wieder?

Es geht bei der Übersetzung nicht darum, „alle Wörter gewusst" zu haben, sondern darum, die Aussage des Autors textnah und detailgetreu wiederzugeben. Übersetze die Überschrift zuletzt.

Überprüfen der Übersetzung

Achte beim ersten Durchlesen deiner Übersetzung nur darauf, dass du nichts vergessen hast. Kontrolliere als nächstes, ob die Zeiten stimmen. Versuche zuletzt, einzelne Textstellen, die sich „nicht gut anhören", stilistisch zu verbessern.

Noch ein paar Tipps zum erfolgreichen Bestehen der Prüfung

Das eingangs dargestellte Schema, wie man sich die Aufgaben zeitlich einteilen kann, ist nur eine grobe Richtlinie. Du kannst deinen Fähigkeiten entsprechend die Arbeitszeit anders organisieren. Achte aber in der Prüfung darauf, dein System strikt einzuhalten.
Gerate nicht in Panik, wenn du nach dem ersten Durchlesen einzelne Wörter oder Textpassagen nicht verstanden hast. Wenn du auf Anhieb alles verstehen würdest, wäre die Prüfungsaufgabe wohl zu leicht.
Denke daran, dass der Stil nur in zweiter Linie wichtig ist, da noch keine Stilpunkte vergeben werden. Versuche deshalb nicht, stilistisch zu „glänzen", sondern bleibe im Rahmen deiner Ausdrucksmöglichkeiten. Bringe nur das zu Papier, von dem du sicher bist, dass es grammatikalisch richtig ist.

Wenn es dir gelingt, dies alles zu berücksichtigen, kann eigentlich nichts mehr schief gehen.

Viel Glück!

Übungsaufgaben

Übungsaufgabe 1

Les colonies de vacances

Il y a peu de temps encore, on disait que dans les colonies de vacances, c'était un peu comme à l'armée, et que seuls les enfants des pauvres y allaient. Ces petits «colons» dormaient dans de grands dortoirs anonymes, et le matin, ils étaient réveillés à coup de sifflet par les moniteurs.

Etait-ce vraiment comme cela? Les colonies ont-elles existé sous cette forme? C'est possible, mais depuis au moins trois ans, il ne reste plus rien de cette atmosphère-là. Les colonies de vacances ont changé de nom, on les appelle maintenant «centre de vacances». Les moniteurs et les monitrices sont devenus des animateurs et animatrices. Les enfants ne sont plus obligés de se lever à heure fixe. Pendant la journée ils peuvent choisir parmi toutes sortes d'activités, celles qu'ils ont envie de pratiquer. Un programme à la carte leur offre des activités sportives, et des ateliers: photo, vidéo, informatique ... On laisse à ceux qui ont plus de quatorze ans une réelle liberté.

En 1983, les centres de vacances ont accueilli environ 1 300 000 jeunes. Qui sont-ils, ces enfants qui ont choisi ce type de vacances? Ce sont surtout des enfants des villes, de milieu assez modeste, venant souvent d'une famille nombreuse et dont la mère travaille. Les statistiques et les enquêtes qui sont faites à ce sujet montrent qu'en général, les parents qui envoient leurs enfants dans un centre de vacances sont assez contents des vacances qu'on offre à leurs enfants. Et pourtant le nombre des jeunes qui y vont baisse. Pour quelle raison les centres sont-ils moins fréquentés que dans le passé? Malgré tous les efforts des pédagogues, on n'a pas encore réussi à faire oublier tout à fait l'image un peu négative des colonies d'autrefois. Il y a encore des gens qui pensent que ce sont des «pensionnats pour pauvres». Il y a aussi une raison économique. Pour que le budget vacances ne soit pas trop lourd, les parents demandent aux enfants de partir avec eux. Les vacances redeviennent familiales.

Vocabulaire
4: le sifflet: Trillerpfeife
9: l'animateur, -trice (m./f.): la personne qui organise les activités
21: fréquenter: besuchen, aufsuchen

Questions

1. Selon l'auteur, quelle différence y a-t-il entre les colonies de vacances d'hier et les centres de vacances d'aujourd'hui? 4 P
2. D'après le texte, pourquoi certains parents envoient-ils leurs enfants dans un centre de vacances et pourquoi d'autres ne le font-ils pas? 4 P
3. A votre avis, quel intérêt y a-t-il à prendre part à un échange franco-allemand? 4 P

Version

Pourquoi lire le journal?

Avant l'invention de la télévision, c'est par le journal que le lecteur apprenait l'événement. C'est lui qui racontait tout ce qui arrivait dans la vie nationale et internationale. Avant la télévision, on achetait un journal pour «savoir».

Aujourd'hui, c'est l'image électronique qui tient le rôle d'informateur. Elle nous permet de suivre sur le petit écran les événements du monde au moment même où ils se produisent. Avant la parution du journal, le téléspectateur est déjà au courant de tout ce qui se passe. Il n'achètera un journal que si celui-ci lui permet d'en savoir plus, et surtout s'il lui donne la possibilité d'analyser l'événement, de le comprendre et de saisir son importance.

Bref, le rôle du journal n'est plus de raconter ce qui est, mais de l'expliquer et le commenter.

Vocabulaire

5: le petit écran: Bildschirm
6: la parution: Erscheinen
9: saisir: begreifen, erfassen

Übungsaufgabe 2

La France en guerre contre le tabac

Le tabac tue. En France, 50 000 personnes meurent chaque année, victimes de la cigarette. Les pouvoirs publics ont décidé de se mobiliser et de déclarer la guerre au tabac. Le ministre de la santé pense à interdire la cigarette à l'école. Mais pourquoi fume-t-on? Personne ne peut répondre exactement à cette question et les raisons qui poussent les gens à fumer ne sont pas faciles à comprendre.

Les fumeurs qui se souviennent de leur première cigarette expliquent qu'elle «rassure». Parmi toutes les bonnes raisons de fumer, le stress arrive au premier rang. «La dépendance du tabac est un phénomène très complexe» affirme un médecin. Il cite le cas d'un de ses malades qui a commencé à fumer parce qu'il avait des problèmes d'argent. Ce n'était pas très logique. Fumer n'allait pas l'aider à trouver de l'argent mais au contraire lui en faire dépenser. Mais il s'est imaginé que la cigarette pourrait l'aider à passer un moment difficile.

Pour les jeunes, fumer est une façon de s'intégrer dans le monde des adultes, de faire comme les «grands». Une enquête a montré que les jeunes fument de plus en plus tôt. Il n'est pas rare qu'on allume sa première cigarette dès l'âge de douze ans, en cachette, dans les toilettes. Yves se souvient: d'abord la première, puis une, deux, trois cigarettes offertes par les copains, ensuite le paquet que l'on achète pour pouvoir à son tour en offrir aux autres.

Sophie, 15 ans, n'a pas pu résister, elle non plus, à cause des amis fumeurs qu'elle fréquente souvent. Maintenant, elle fait partie des 35 % de Français qui fument plusieurs cigarettes par jour, 35 % de Français que les non-fumeurs supportent de plus en plus mal. Ils leur reprochent de polluer l'atmosphère, de gêner leurs voisins, et de coûter une fortune à la société. D'après les médecins, «le plaisir de fumer» coûterait entre 10 et 40 millions de francs par an à la sécurité sociale.

Vocabulaire

2: les pouvoirs publics: *hier:* staatliche Behörde
6: rassurer: beruhigen
19: résister: widerstehen
24: la sécurité sociale: gesetzliche Krankenkasse

Questions

1. Quelles sont, d'après le texte, les raisons pour lesquelles tant de Français, jeunes et vieux, fument? 4 P
2. Quels sont les effets négatifs du tabac décrits dans le texte? 4 P
3. Fumeurs et non-fumeurs. Comment régler le conflit (en famille, au travail, en public ...)? 4 P

Version

L'O.F.A.J. et l'amitié franco-allemande

Depuis 25 ans, l'Office franco-allemand pour la jeunesse offre à des milliers de jeunes Allemands et Français la possibilité de prendre part à des activités en commun. Pour participer à ces rencontres, il n'est pas absolument nécessaire de parler la langue du voisin. Les échanges sont faits avant tout pour diminuer la distance entre les deux pays.

Il y a 25 ans, il n'était pas bien facile de trouver un terrain d'entente. On disait: «Cherchons les domaines dans lesquels on peut s'entendre et écartons tous les autres.» Aujourd'hui, les Allemands et les Français discutent de presque tout, ce qui parfois peut créer de nouveaux conflits. Mais en parlant ensemble, ils se rendent compte qu'ils sont dans le même bateau. Plus ils constatent qu'ils ont les mêmes problèmes politiques et économiques, plus les discussions sont animées.

Vocabulaire

1: O.F.A.J. (Office franco-allemand pour la jeunesse): deutsch-französisches Jugendwerk
6: le terrain d'entente: Verständigungsbasis
7: le domaine: Bereich
7: écarter: *hier:* beiseite lassen

Übungsaufgabe 3

Les Français et la famille

La grande importance que les jeunes Français accordent à leur famille est assez étonnante. Ils aiment leur famille.

Il faut dire que cette famille a beaucoup et rapidement changé. En général, elle est plus ouverte et plus tolérante qu'autrefois. Les parents font sans cesse de véritables efforts pour s'entendre avec leurs enfants. Non seulement ils les emmènent souvent au spectacle et en vacances, mais pour être encore plus proches d'eux, ils essaient de participer à leur vie de tous les jours.

Tous les sondages montrent que les jeunes Français n'ont pratiquement pas de problèmes avec leurs parents. L'amitié des copains et copines joue bien sûr un grand rôle, elle est même souvent prioritaire, mais l'atmosphère en famille reste une chose très importante et, en général, elle leur plaît. Ils y trouvent la communication et l'affection dont ils ont besoin.

Il y a de temps en temps des petits conflits familiaux, au sujet de l'argent de poche par exemple, mais ce n'est jamais bien grave, et cela finit toujours par s'arranger. Quand ils s'agit de discuter avec les parents des relations entre garçons et filles, les jeunes pensent parfois que la conversation ne va pas assez loin. Mais dans l'ensemble, les jeunes sont d'accord pour dire qu'ils trouvent leurs parents «cool», «branchés», tolérants, presque des copains.

Cette situation, confortable pour les jeunes qui en profitent, pose quand même un problème: on peut se demander jusqu'à quel point les parents doivent se comporter en «maman-poule» et en «papa-poule» qui cherchent à protéger leurs enfants contre les difficultés de la vie. Ils tolèrent leurs caprices, leur donnent l'argent dont ils ont besoin. Les enfants mangent et habitent chez leurs parents beaucoup plus longtemps qu'autrefois. La famille pour les jeunes, c'est le confort, la sécurité, le refuge. Mais cela ne va pas sans problèmes car l'autonomie n'est plus garantie, et même s'ils se montrent «libéraux», les parents ne se rendent pas toujours compte que leurs enfants deviennent adultes plus tôt qu'autrefois.

Vocabulaire
10: prioritaire: vorrangig
12: l'affection (f.): Zuwendung
18: branché, -e: auf dem neuesten Stand, modern
21: la poule: Henne
22: le caprice: Laune
25: le refuge: Zufluchtsort

Questions

1. D'après le texte, pour quelles raisons les jeunes Français aiment-ils leur famille? 4 P
2. De quels problèmes, grands et petits, parle l'auteur? 4 P
3. Est-il préférable de partir en vacances avec les parents ou avec les copains? Pourquoi? 4 P

Version

Une salle de classe dans l'usine

Faire visiter une entreprise aux élèves est une chose dont on a l'habitude, mais installer pendant une semaine une classe dans une usine, c'est nouveau.
Les établissements Peugeot de Mulhouse ont été les premiers à faire cette expérience.
L'entreprise a mis tous ses locaux à la disposition des élèves et de leurs professeurs pour quelques jours, c'était ensuite à eux de décider ce qu'ils voulaient voir et faire pendant la semaine.
Les employés ont été formidables. Ils ont su se mettre à la portée des enfants en leur expliquant simplement leur travail. Quant aux jeunes, après avoir vu comment fonctionne une grande usine, ils ont été passionnés. Ils ont appris plus rapidement parce que les choses devenaient concrètes.

Vocabulaire

3: les établissements Peugeot: Peugeot-Werke
5: mettre à la disposition: zur Verfügung stellen
8: se mettre à la portée: *hier:* sich einstellen auf

Übungsaufgabe 4

Le plaisir de lire

Pourquoi les élèves ne lisent-ils plus? Est-ce le manque de temps, le manque d'intérêt pour les auteurs classiques, le manque de critères pour choisir leurs livres? Les jeunes trouvent de nombreuses raisons de ne pas lire. Et pourtant, aimer lire, cela s'apprend. Un magazine de jeunes discute de ce sujet avec un groupe de jeunes lecteurs.

Lire? oui, mais quand? Vous avez vu mon emploi du temps? Si on veut avoir le temps de lire, il faut le prendre et s'y tenir aussi résolument qu'à toute autre activité.

– Allô, Nathalie? Tu viens au cinéma avec moi lundi soir? Lundi? attends ... Je regarde dans mon agenda ... ah non, impossible, je suis désolée mais j'ai déjà rendez-vous avec mon auteur préféré, Georges Simenon, je suis en plein dans son roman.»

Elle est là, la solution, dans l'agenda. Il faut «prendre rendez-vous» avec les auteurs.

Qu'est-ce qui retient les jeunes de goûter au plaisir de la lecture? Les livres classiques, souvent trop épais, leur font peur. «Celui-là est aussi gros qu'un dictionnaire, je ne le lirai jamais jusqu'à la fin». «Le titre de celui-là ne me dit rien». Il ne faut pas croire que le livre est un objet sacré et qu'il faut le lire cérémonieusement de la première à la dernière page. On peut très bien commencer à le lire et sauter un passage qui vous paraît trop long et ennuyeux pour le reprendre plus loin.

Bien savoir choisir son livre est une des premières conditions pour garder l'envie de lire. Pour cela, les lieux dont on peut tirer profit ne manquent pas. Il suffit de se renseigner à la bibliothèque municipale ou à celle du lycée. On peut aussi regarder sur les étagères des parents, des copains, et dans les librairies. «L'important est de choisir des livres correspondant à ses propres possibilités de compréhension», explique une responsable de l'Association française pour la lecture, «le bon lecteur ne lit que des choses qui l'intéressent». Cherchez une librairie accueillante, trainez-y aussi souvent et aussi longtemps que possible. Les livres sont faits pour être touchés, feuilletés. Laissez-vous séduire par la beauté d'un livre, son illustration, une image. Il n'y a pas de bonnes ou de mauvaises lectures, il y a les lectures que vous aimez, un point c'est tout.

Vocabulaire

10: l'agenda (m.): Terminkalender
18: sacré, -e: heilig
26: propre: *hier:* eigen
29: trainer: *hier:* sich aufhalten
30: séduire: verführen

Questions

1. Relevez dans le texte les raisons pour lesquelles les élèves ne lisent plus. 3 P
2. Quels conseils le magazine donne-t-il à ses jeunes lecteurs? 5 P
3. Préférez-vous lire un livre ou regarder la télévision? Pourquoi? 4 P

Version

La vie dans les banlieues

François Mitterrand a proposé des mesures nouvelles afin de rendre la vie dans les banlieues plus agréable. Ces mesures sont devenues nécessaires car la vie dans les quartiers qui entourent les grandes villes est dure. La violence est partout. Les jeunes n'ayant pas de centre de loisirs pour se retrouver s'ennuient. Le manque de commerces, de terrains de sport et d'espaces verts, rend la banlieue encore plus triste et monotone.
Le président a décidé qu'il fallait changer tout cela. Il a déclaré que les jeunes devraient participer à la renaissance de leur cité en proposant des idées. Enfin il veut aussi que des entreprises s'installent dans ces quartiers pour y créer des emplois.
Tout cela devra être fait si l'on veut donner aux banlieues un autre visage, celui d'une cité où l'on a envie de vivre.

Vocabulaire

5: l'espace vert (m.): Grünanlage
8: la renaissance: *hier:* Erneuerung
8: la cité: *hier:* Wohnsiedlung

Übungsaufgabe 5

La France touristique

De plus en plus de gens ressentent le besoin d'arrêter pour quelque temps le rythme rapide de la vie professionnelle, ce qui a provoqué un essor important du tourisme en France.

«La France touristique», cela fait penser à la fois aux touristes étrangers qui choisissent de visiter la France et aux touristes français qui décident de passer leurs vacances dans leur propre pays.

Tous les Français prennent leurs vacances en été, au mois de juillet et surtout en août. Ils choisissent cette date, parfois pour des raisons personnelles, mais aussi parce qu'elle correspond aux vacances scolaires et à la fermeture annuelle des entreprises.

Cette concentration des vacances pose des problèmes à l'industrie du tourisme en France. Trop de voitures sur les routes, trop de voyageurs dans les trains et les avions, trop de visiteurs sur les lieux touristiques et les plages surpeuplées. Il faut ajouter à cela les problèmes de logement et la hausse des prix pendant la haute saison.

Plus de 50 % des Français partent en vacances chaque année. Qui sont-ils et où vont-ils, ces touristes français qui ont la chance de pouvoir prendre des congés? La majorité d'entre eux vient des classes sociales qui n'ont pas de problèmes financiers. Viennent ensuite les employés et les ouvriers qui font partie des classes moyennes. Par contre, il y a très peu d'agriculteurs qui peuvent partir en vacances. Seule une minorité de Français choisit l'hôtel comme moyen d'hébergement. La plupart préfère habiter chez des amis, des parents, ou louer un appartement. De plus en plus de touristes français choisissent le camping-caravaning pour passer leurs vacances.

Chaque année environ 14 millions de touristes étrangers viennent en vacances en France. Ils ont heureusement l'habitude d'étaler leur venue du mois d'avril au mois d'octobre. Pour ces visiteurs, Paris reste le principal pôle d'attraction, la côte d'Azur vient au second rang, et ensuite la côte atlantique (Normandie, Bretagne, Aquitaine). Si vous allez à Paris à Pâques ou à la Pentecôte, vous y rencontrerez plus de touristes étrangers que de Français sur les Champs-Elysées.

Vocabulaire

2: l'essor (m.): Aufschwung
14: la hausse: Anstieg, Steigerung
16: étaler: *hier:* verteilen

Questions

1. Quelles sont, d'après le texte, les habitudes des Français en ce qui concerne leurs vacances? Quelles en sont les conséquences? 5 P
2. Qu'est-ce qu'on apprend dans ce texte sur les touristes étrangers? 3 P
3. Comment les jeunes Allemands peuvent-ils passer leurs vacances en France? Quelle possibilité choisiriez-vous? Pourquoi? 4 P

Version

Le vrai Paris

Beaucoup de Parisiens aiment à dire qu'il y a un Paris touristique, mais que le vrai Paris est bien différent. Si la promenade conduit souvent les femmes dans le neuvième arrondissement, caractérisé par ses grands magasins, les hommes, par contre, se promènent plus volontiers sur la rive gauche qui représente pour eux le centre de la vie culturelle.

Quand il s'agit non seulement du Paris qu'ils connaissent, mais du Paris qu'ils aiment et où ils souhaitent habiter, c'est le centre historique que les Parisiens préfèrent.

Seuls les jeunes montrent un intérêt à explorer le nouveau Paris, celui des arrondissements périphériques. Ce qui les attire, ce sont surtout l'animation de certains quartiers, un aspect «villageois» et la possibilité d'y trouver plus facilement un logement dont le loyer est moins élevé.

Vocabulaire

4: la rive gauche: das linke Seineufer
10: périphérique: am Stadtrand (liegend)
10: l'animation (f.): *hier:* reges Leben

Übungsaufgabe 6

Connaissez-vous les «rurbains»?

Ce nouveau mot est le nom que l'on donne aux gens qui habitent dans une commune rurale, tout en travaillant dans un grand centre urbain. Ils veulent profiter des avantages qu'offre la vie à la campagne sans perdre ceux de la grande ville. Les «rurbains» sont surtout des Parisiens et des habitants de la région parisienne appelée Ile de France. Ils n'ont pas choisi de vivre à la campagne par amour de la nature ou pour des raisons écologiques. Ils ne sont pas prêts à quitter définitivement Paris, à vivre loin de la capitale où ils continuent de travailler. Ils n'habitent plus à Paris parce que l'air y est très pollué et parce que la vie y est trop chère, surtout en ce qui concerne le prix des appartements. Il devient presque impossible d'avoir en même temps le confort, assez de place et un loyer que l'on peut payer avec un salaire normal. Mais avec sa vie culturelle très riche et son marché de l'emploi, Paris continue à attirer beaucoup de monde. La région parisienne est la région de France où il y a le moins de chômeurs.

Les «rurbains» acceptent donc d'aller s'installer à la campagne autour de Paris mais à une condition: il faut que leur nouveau lieu de résidence soit bien desservi par la S.N.C.F., surtout par le T.G.V., pour ne pas perdre trop de temps pour se rendre sur leur lieu de travail. Certains sont mêmes prêts à faire plus de 200 kms tous les jours en T.G.V. car il ne leur faut pas plus d'une heure pour atteindre une des grandes gares au centre de Paris. Ainsi, chaque jour, 140 000 personnes venues des départements voisins viennent travailler dans la capitale.

Pourtant, ce genre de vie présente encore quelques inconvénients. Les horaires de certaines lignes ne sont pas toujours bien adaptés aux besoins de ces nouveaux voyageurs. Et puis les nombreuses grèves du personnel de la S.N.C.F. posent des problèmes aux personnes qui se retrouvent coincées. En plus, les cartes d'abonnement au train coûtent encore très cher. Mais enfin, l'air pur n'a pas de prix, la qualité de vie et la bonne santé non plus.

Vocabulaire

2: rural, -e: ländlich
2: urbain, -e: städtisch
15: être desservi, -e: *hier:* angeschlossen sein
16: la S.N.C.F.: Société nationale des chemins de fer français (französische Eisenbahn)
16: le T.G.V.: train à grande vitesse
24: se trouver coincé, -e: *hier:* festsitzen

Questions

1. D'après le texte, pour quelles raisons les «rurbains» ont-ils choisi cette façon de vivre? 4 P
2. Quels sont, selon l'auteur du texte, les avantages et les inconvénients du train? 4 P
3. Que pensez-vous des avantages et des désavantages de la vie à la campagne pour les jeunes? 4 P

Version

Les voyages forment la jeunesse

De plus en plus souvent, les élèves français et allemands ont la possibilité de voyager des deux côtés du Rhin, ce qui leur donne l'occasion de mieux se connaître. Ces voyages contribuent à former les jeunes en leur permettant de découvrir et d'apprécier leurs différences.
La première chose qui surprend les Français quand ils visitent l'Allemagne, c'est d'y rencontrer des immigrés à la peau plus ou moins foncée, alors qu'ils croyaient que seule la France était confrontée au problème de l'immigration.
La deuxième impression concerne la langue. Christine, une Française de 17 ans, trouve que l'allemand que l'on apprend à l'école est une langue morte et souvent ennuyeuse.
En Allemagne, par contre, dans la bouche des jeunes Allemands, la langue parlée est vivante, joyeuse et belle.

Vocabulaire

3: contribuer: beitragen
4: apprécier: *hier:* einschätzen
6: foncé, -e: dunkel

Übungsaufgabe 7

Une bonne note pour les lycées et collèges

Jeunes collégiens et lycéens de France, connaissez-vous bien tous les avantages que vous offre votre école? Il faut que vous sachiez que vous êtes des privilégiés. Vous saurez pourquoi en lisant la suite de ce texte.

Les lycées et les collèges sont des lieux où on met sur pied des projets, et les amitiés qui s'y créent durent parfois toute la vie. Pendant les récréations et les repas à la cantine, on a la possibilité de faire connaissance avec d'autres élèves. Mais il ne s'agit pas seulement de sympathie ou d'amitié, l'école offre aussi l'occasion rêvée de rencontrer des personnes différentes de vous que vous n'auriez peut-être pas rencontrées ailleurs. Vous découvrez ainsi d'autres races, d'autres civilisations, d'autres religions. C'est une façon de «s'ouvrir l'esprit» et d'apprendre à respecter les autres. En se retrouvant assis en classe à la même table que Mohamed ou Aimé pendant toute l'année scolaire, celui qui avait des préjugés sur les Noirs, les musulmans, les Chinois ou autres, changera d'avis et apprendra la tolérance.

L'école est aussi un endroit où on peut parler de ses problèmes. Il y a toujours quelqu'un prêt à vous écouter et à vous aider quand vous êtes confronté à un problème grave, qu'il soit familial ou scolaire. Avant tout, il faut oser en parler. Vous pouvez le faire avec votre meilleur ami ou avec un professeur avec qui vous vous entendez particulièrement bien. Parfois, il est plus facile de parler avec un surveillant, car ils sont en général plus jeunes, plus sympathiques et plus proches de vous. Vous avez également des spécialistes à votre disposition, des infirmières et des assistantes sociales qui sont là pour vous écouter et vous aider si vous avez besoin d'elles. L'infirmière soigne vos petites maladies, mais elle peut aussi parler avec le médecin scolaire si vous avez un problème sérieux. L'assistante sociale, elle, vous aide à régler les problèmes avec la famille et à trouver une solution aux conflits que vous ne pouvez pas régler seul.

Vocabulaire
12: le préjugé: Vorurteil
19: le surveillant: Aufsichtsperson an französischen Schulen
22: l'assistante sociale: Sozialarbeiterin an französischen Schulen
25: régler: *hier:* lösen

Questions

1. D'après le texte, qu'est-ce que l'école offre aux élèves en plus du travail scolaire? Référez-vous au paragraphe 2. 4 P
2. En vous référant au paragraphe 3, dites comment l'école française peut venir en aide aux élèves qui ont des problèmes. 3 P
3. A votre avis, le lycée allemand est-il seulement un lieu de travail ou offre-t-il quelque chose de plus? Parlez de vos expériences personnelles. 5 P

Version

Strasbourg, paradis des piétons

Afin de réduire la pollution et les embouteillages, le maire de Strasbourg prévoit depuis 15 ans de créer un centre-ville réservé aux piétons.

Ce projet se réalise aujourd'hui. Depuis peu, le centre-ville est interdit aux voitures. Strasbourg est la première grande ville de France à fermer son centre-ville aux autos. Après avoir été la première à obliger les automobilistes à ne pas dépasser les 50 km/h en ville, Strasbourg essaie aujourd'hui de changer les habitudes des gens en les poussant à utiliser les transports en commun.

Mais les commerçants du centre-ville protestent. Ils ne sont pas d'accord parce qu'ils craignent de perdre des clients. Pourtant, l'expérience de la ville de Strasbourg, si elle réussit, donnera sûrement à d'autres villes françaises l'envie de suivre son exemple.

Vocabulaire

1: prévoir: *hier:* die Absicht haben
9: l'expérience (f.): Versuch

Übungsaufgabe 8

Les Français n'aiment-ils plus leur télé?

Mardi 22 février — Câble et Satellites

RTL 9

17.20 Série : Kelly
17.45 Série : Roseanne
18.10 Feuilleton : Top models
18.35 Série : Cobra
19.25 Série : Les nouvelles filles d'à côté
19.50 Série : Roseanne
20.15 Série : Ellen

20.40 Cinéma : METEORE

Film catastrophe de Ronald Neame (1979) avec Sean Connery, Natalie Wood, Karl Malden.
Le Pr Paul Bradley est un astrophysicien américain à la tête d'un projet baptisé « Hercule ». Il s'agit d'un plan de défense de la Terre contre tout corps spatial dangereux. Ce projet se résume en un satellite armé de fusées nucléaires. Mais Bradley n'a jamais accepté que cet engin devienne partie intégrante du système de défense de l'armée...

22.20 Cinéma : La couleur de l'argent
0.20 Série : Confessions érotiques

RTL LORRAINE
De 17.20 à 19.20 Voir RTL 9
19.20 « Bienvenue chez vous »
De 19.50 à 6.25 Voir RTL

Ciné Cinéfil

9.20 Actualités Pathé
9.35 Cinéma : Les gaîtés de l'escadron
10.55 Actualités Pathé
11.10 Cinéma : La fausse maîtresse
12.35 Cinéma : Pour qui sonne la cloche
14.20 Cinéma : Air Force
16.20 Hollywood et ses Oscars
17.15 Cinéma : History of Mr. Polly
18.55 Cinéma : Garou-Garou, le passe muraille
20.20 Cine Giornale Luce

20.30 Cinéma : ENGAGE INVOLONTAIRE

Comédie de David Butler (1941) avec Bob Hope, Dorothy Lamour.
Alors que les Etats-Unis s'engagent dans la Seconde Guerre mondiale, Don Gilbert, une vedette d'Hollywood peu téméraire, espère bien échapper à la conscription. Il projette d'épouser la fille d'un colonel, ce qui, pense-t-il, le garderait loin des champs de bataille. Ce plan n'est pas une réussite et Don est expédié dans un camp d'entraînement...

21.55 Cinéma : Pontcarral, colonel d'empire
0.00 Cinéma : L'œil du monocle

PARIS PREMIERE

11.00 Les lumières du music-hall
12.00 Rive droite rive gauche
13.30 Stars en stock
14.00 L'Actors Studio
15.00 Théâtre : Les coucous
17.00 Les lumières du music-hall
18.00 L'Actors Studio
19.00 Coupe de l'America
19.30 Rive droite rive gauche
21.00 Le gai savoir

22.30 Cinéma : CHAMBRE À PART

Comédie de Jacky Cukier (1989) avec Michel Blanc, Jacques Dutronc, Lio, Frances Barber.
Martin, un Français installé à Londres, et Gert, son épouse anglaise, forment un couple bourgeois classique, menant une vie tranquille et monotone. Francis et Marie forment un « beau couple », insolent, charmeur et envahissant. Un soir de réveillon, Martin et Gert rencontrent Francis et Marie...

0.00 Le journal de la Coupe de l'America
0.05 Rive droite rive gauche
1.35 Courts particuliers
2.25 Paris Dernière
3.20 L'Actors studio
4.10 450e anniversaire de l'Orchestre National de Dresde
5.40 Les frères Jacques

LCI

15.30 Journal — 15.40 Magazine : Multimédia — 16.00 Journal — 16.10 Divertissement : Talk-show — 16.25 Arts et culture : culture — 16.30 Journal — 16.40 Divertissement : Talk-show — 16.55 Arts et culture : culture — 17.00 Journal — 17.10 Magazine : Le débat — 17.30 Journal — 17.40 Magazine : Le débat

TV5

18.00 Journal TV5
18.15 Cinéma : Le train
19.45 Les coups de cœur de Télécinéma
20.00 Journal suisse
20.30 Le journal (F2)
21.00 TV5 infos
21.05 Temps présent
22.00 Journal TV5
22.15 Fort Boyard
0.00 Journal belge
0.30 Soir 3
1.00 TV5 infos

Canal J

13.30 Série : Mission top secret
14.00 Ivanhoé
14.25 Samba et Leuk le lièvre
14.50 Retour vers le futur
15.15 Aaahh !!! Drôles de monstres
15.40 C-Bear et Jamal
16.00 Billy the cat
16.25 Arthur
16.55 Mona le vampire
17.20 Police Academy
17.50 Les mystérieuses aventures de Fantômette
18.15 Jumanji

SERIE CLUB

12.30 Série : Hawaï, police d'Etat
13.25 Série : Happy days
13.55 Série : Les anges de la ville
14.40 Série : Jim Bergerac
15.35 100 % séries
16.00 Série : L'or du diable
16.55 Série : Les saintes chéries
17.20 Série : Thierry la Fronde
17.50 Série : Cannon
18.35 Série : Hawaï, police d'Etat
19.30 Série : Mission impossible
20.20 Série : Happy days

20.45 Série : LE CAMÉLÉON « Effets spéciaux »

Avec Michael T. Weiss.
Dave Dugger, cascadeur professionnel, est gravement brûlé lors du tournage d'un film publicitaire. Jarod se fait engager par la très séduisante Brynne McClaine et découvre, sur la vidéo de l'accident, qu'il y avait eu une deuxième explosion dans la voiture...

21.35 Série : Le caméléon
22.20 Série : Frasier
22.45 Série : The practice
23.30 Série : Dr Katz
23.50 Série : 3e planète après le soleil
0.10 100 % séries
0.40 Série

EUROSPORT FRANCE

7.00 Sport matin — 8.30 Ski de fond — 10.00 Saut à ski — 11.30 Eurogoals — 13.00 Biathlon — 14.30 Luge — 15.00 Saut à ski — 16.30 Biathlon — 18.00 Eurogoals — 19.30 Basket-ball — 20.00 Sport de force — 21.00 Boxe : Commando Kalekuzi (Congo) / Jonathan Corn (Etats-Unis). En direct — 23.00 Aventure

MTV

5.00 Non Stop Hits — 12.00 MTV Data Videos — 13.00 Bytesize — 15.00 Total Request — 16.00 Say What? — 17.00 Select MTV — 18.00 New — 19.00 Bytesize — 20.00 Top Selection — 21.00 Fanatic. MTV surprend les fans en leur offrant une interview exclusive avec leurs artistes préférés. L'émission d'aujourd'hui accueille Marilyn Manson et Five — 21.30 Bytesize — 0.00 Alternative Nation — 2.00 Night Videos

TCM

11.40 Cinéma : L'affaire Dreyfus — 13.20 Cinema : Les souliers de Saint-Pierre — 15.50 Cinéma : La petite hutte — 17.20 Cinéma : Voyages avec ma tante — 19.15 Cinéma : Le crime, c'est notre business — 20.45 Cinéma : Au pays de la peur — 22.25 Cinema : She, la déesse de feu — 0.10 Cinéma : La vallée de la poudre — 1.35 Cinéma

En un an, 7 % des téléspectateurs français, 1,3 million pour être précis, petits et grands, ont quitté leur poste de télévision. Une bonne nouvelle? Peut-être, mais pas pour tout le monde. Sûrement pas pour les publicitaires ni pour les responsables des chaînes de télé qui commencent à avoir très peur. Les jeunes ne s'intéressent plus ni aux séries américaines, ni aux bandes dessinées japonaises, les mères de familles ne regardent plus les feuilletons, les pères regardent moins souvent les matchs de football, les personnes âgées détestent la publicité, le journal télévisé perd tous les jours un peu plus de spectateurs. D'après un sondage, les Français regardent la télé en moyenne une demi-heure de moins qu'il y a cinq ans.

Que font-ils d'autre, ces téléspectateurs qui ne sont plus devant leur télé? On n'en sait rien, mais on peut facilement imaginer plusieurs réponses à cette question. Les téléspectateurs français ont peut-être décidé de se mettre enfin à faire du sport, de lire des livres, de faire du yoga ou d'élever des lapins nains. Pour les publicitaires, ce sont le soleil et le beau temps qui sont responsables de cette situation, mais les gens sérieux n'y croient pas une seconde.

Une chose est sûre, les téléspectateurs ne veulent plus qu'on les prenne pour des imbéciles. Un beau jour, ils décident qu'ils ont mieux à faire que de passer leur temps, assis sur un canapé devant une bière et un paquet de chips, à regarder un feuilleton qui ne les intéresse plus.

Ils préfèrent aller voir un bon film dans une salle de cinéma. Ils se rendent compte qu'ils ont à la maison une grande fille dont la vie sentimentale compliquée demande plus d'attention que les aventures amoureuses du héros d'un film banal. Ils voient tout à coup que c'est l'été et qu'il fait beau. Ils se souviennent qu'il y a des roses dans les parcs, qu'il y a des petits restaurants qu'ils se sont promis d'essayer un jour, qu'ils ont des amis qu'ils n'ont plus vus depuis trop longtemps et puis qu'il y a des livres.

Vocabulaire

3: le publicitaire: Werbefachmann
6: le feuilleton: *hier:* Seifenoper
13: le lapin nain: Zwergkaninchen
17: l'imbécile (m.): Dummkopf

Questions

1. Expliquez, en vous référant au premier paragraphe, en quoi les habitudes des téléspectateurs français ont changé. 3 P
2. Selon l'auteur, par quoi les Français ont-ils remplacé la télé? Pourquoi? 5 P
3. Que pensez-vous des avantages qu'offre la télévision? 4 P

Version

L'eau en danger

Quel est le pire ennemi de l'eau? C'est certainement l'homme. En jetant des ordures dans l'eau, il pollue les rivières et les lacs. Quand on pense au problème de la pollution causée par les produits chimiques, on commence à avoir vraiment peur. Pourtant chacun de nous gaspille l'eau sans toujours s'en rendre compte. On a l'habitude, par exemple, de laisser couler l'eau quand on se lave les dents. Si on remplissait un verre d'eau pour se rincer la bouche, on gaspillerait déjà beaucoup moins d'eau.

Il faut créer des règles que tous les pays devraient respecter pour sauver l'eau potable. En faisant tous des efforts dès maintenant pour moins polluer et moins gaspiller, on arrivera peut-être à sauver l'eau.

Vocabulaire

4: gaspiller: verschwenden, vergeuden
6: rincer: ausspülen
9: potable: Trink-

Übungsaufgabe 9

L'abbé Pierre au secours des pauvres

Nous sommes en 1954, l'année vient juste de commencer et l'hiver est particulièrement froid. A la radio française, un homme prend la parole et lance un appel à la solidarité: «Mes amis, au secours ... Une femme vient de mourir gelée, cette nuit, sur le boulevard de Sébastopol». Cette femme n'est pas la première victime. Les Français découvrent que des hommes et des femmes sans logement meurent de froid dans la rue. L'homme qui s'adresse à eux, c'est l'abbé Pierre, un prêtre, un député, un ancien résistant décoré de guerre.

L'appel au peuple de l'abbé Pierre fait des miracles. En quelques jours, de toutes les régions de France, on lui envoie plus de quatre millions de francs. Il peut créer des centres d'accueil et ouvrir des foyers pour y recevoir les sans-abri. On lui apporte des paquets et des vêtements en masse. L'abbé Pierre peut être fier du résultat de son travail. Il continue cependant à organiser la collecte et la revente d'objets jetés et de vêtements en bon état.

Quarante ans plus tard, alors que la France est devenue un pays riche, le même drame se répète. Des dizaines de sans-abri meurent de froid dans la rue. L'abbé Pierre continue son combat contre la misère. Entre-temps, il a fondé une communauté appelée «les compagnons d'Emmaüs» qui aide les plus pauvres avec l'argent gagné en revendant des objets récupérés. En France, ces communautés regroupent plus de 4 000 personnes qui luttent ensemble contre la misère. Pour leur travail, les compagnons d'Emmaüs sont logés et nourris, et ils gagnent 150 francs d'argent de poche par semaine.

Afin de garder son autonomie financière, la communauté d'Emmaüs n'accepte jamais d'argent de l'Etat, même si on lui en propose. Ainsi, l'abbé Pierre reste libre de dire et de crier ce qu'il pense dans les médias. Il se donne aussi le droit d'encourager l'occupation des maisons vides et de prendre part personnellement à ces actions: «Si les maisons existent, c'est pour être habitées.»

Vocabulaire

4: la victime: Opfer
6: L'abbé Pierre: geb. 5. August 1912, französischer Geistlicher, Begründer der Hilfsorganisation «Les compagnons d'Emmaüs»
7: le député: Abgeordneter
7: le résistant: Widerstandskämpfer
7: le décoré de guerre: Träger einer Kriegsauszeichnung
8: faire des miracles: Wunder wirken
10: le sans-abri: Obdachlose
18: récupérer: *hier:* einsammeln
19: regrouper: *hier:* bestehen aus, in sich vereinigen

Questions

1. Pour quelle raison l'abbé Pierre lance-t-il son appel à la radio? Comment les Français réagissent-ils? (paragraphes 1 et 2) 4 P
2. Que savez-vous, d'après le texte, des «compagnons d'Emmaüs»? 4 P
3. A votre avis, pourquoi y a-t-il un si grand nombre de pauvres dans nos sociétés riches? 4 P

Version

La centralisation

Depuis des siècles, Paris est la capitale d'une France centralisée. On y trouve non seulement les organes de l'Etat, mais aussi les grandes entreprises qui sont obligées d'y avoir leurs bureaux pour pouvoir exister. Déjà sous Louis XIV, chaque village était placé sous le contrôle de l'Etat. Il y a quelques années encore, quand une entreprise de province avait besoin d'une route pour sa nouvelle usine, elle n'avait aucune chance de voir se réaliser ses projets si elle n'était pas présente dans la capitale. C'est la raison pour laquelle les grandes entreprises comme Michelin et Peugeot ayant leurs usines en province, ont toujours leur siège à Paris.

Tout le monde est d'accord pour vouloir la décentralisation, mais personne ne la veut pour son école, son musée, son emploi. La décentralisation? Oui, mais pour les autres! Et comme le dit la chanson, Paris sera toujours Paris.

Vocabulaire

8: le siège: *hier:* Firmensitz

Übungsaufgabe 10

La fatigue des jeunes

Les parents, les professeurs, les médecins, tous se plaignent. Les parents parce qu'ils constatent que leurs enfants sont tout juste bons à se mettre devant la télévision quand ils rentrent de l'école, les professeurs parce qu'à partir de 15 heures, leurs élèves sont nerveux et ne peuvent plus se concentrer, et les médecins qui examinent des patients jeunes mais déjà fatigués par des journées trop longues et parce qu'ils ne dorment pas assez. Un professeur de psychologie à l'université de Lille déclare: Les enfants d'aujourd'hui ont des activités du matin au soir, il est donc logique qu'ils soient fatigués.

D'où vient cette fatigue? On l'explique souvent par la pression scolaire qui pousse les enseignants à donner, avec l'accord des parents, des devoirs écrits à faire à la maison. Mais il n'y a pas que l'école qui fatigue les enfants, c'est aussi leur mode de vie.

La télévision est en grande partie responsable de la fatigue des jeunes qui passent des heures devant leur téléviseur. Ils perdent ainsi beaucoup de temps qu'ils pourraient consacrer à des jeux ou des discussions en famille. On use ses forces en occupant toute sa journée avec trop de loisirs de toutes sortes qui désorganisent la vie de l'enfant alors qu'il a absolument besoin d'une vie régulière.

Il est vrai que la vie des jeunes des années 90 est plus confortable que celle des enfants nés au début du siècle. Ils portent des vêtements chauds en hiver, ils mangent mieux et, souvent, on les conduit à l'école en voiture ou en bus.

Mais la vie d'aujourd'hui, si elle paraît plus facile, a aussi ses aspects négatifs. Les élèves qui prennent le bus chaque matin sont aussi fatigués que ceux qui, autrefois, faisaient deux ou trois kilomètres à pied avec leurs copains. Après avoir marché, l'enfant arrivait bien réveillé à l'école et il commençait la classe dans de meilleures conditions.

Aujourd'hui, la fatigue des enfants a changé de nature. Ce n'est pas seulement une fatigue physique, c'est aussi une fatigue nerveuse.

Vocabulaire

2: être tout juste bon à ...: nur noch in der Lage sein zu ...
9: la pression: *hier:* Leistungsdruck
11: le mode de vie: Lebensweise
15: user: verbrauchen, verschleißen

Questions

1. D'après les paragraphes 1, 2, et 3 de ce texte, qu'est-ce qui explique la fatigue des jeunes d'aujourd'hui? 5 P
2. Montrez, en vous référant au texte, ce qui a changé dans la vie des enfants depuis le début du siècle. 3 P
3. Vos activités en dehors de l'école sont-elles pour vous un stress ou du plaisir? 4 P

Version

Les Français et leurs journaux

Les Français sont fidèles à leurs journaux. Un sondage a montré que 54 % lisent régulièrement un quotidien, que ce soit au petit déjeuner, dans le bus ou le métro, pendant la pause de midi, ou le soir à la maison. Ils passent en moyenne 30 minutes par jour à lire le journal.

On constate que la presse régionale, avec vingt millions de lecteurs fidèles qui se composent d'autant de femmes que d'hommes, se tient bien en comparaison avec la presse nationale qui, elle, ne compte que huit millions de lecteurs réguliers.

«L'équipe», un journal entièrement réservé aux informations sportives, est la lecture préférée des Français. Pourquoi? C'est bien simple. Des changements dans une équipe de foot, les résultats des matchs sont des nouvelles moins angoissantes que celles qui paraissent jour après jour dans les quotidiens: guerres, catastrophes, chômage ...

Vocabulaire

2: le quotidien: *hier:* Tageszeitung
5/6: se composer de ...: sich zusammensetzen aus ...
10: angoissant, -e: beängstigend

Übungsaufgabe 11

Gokmen, un jeune immigré à Paris

C'est souvent difficile d'immigrer dans un pays inconnu en abandonnant sa culture, ses amis. C'est pourtant ce que font des milliers de jeunes qui viennent en France avec l'espoir d'y vivre mieux que chez eux.

Gokmen, un jeune Turc de 16 ans, est en troisième au collège Victor Hugo à Paris. Il aime par-dessus tout la Turquie, son pays dont il parle avec enthousiasme.
«Je suis né à Ordu, une petite ville au bord de la mer Noire. J'avais cinq ans quand mes parents ont quitté la Turquie pour venir travailler à Paris. Ils voulaient gagner plus d'argent.
En France, comme je n'allais pas à l'école, je n'avais pas de copains et je m'ennuyais, alors je suis rentré en Turquie.»

Quelques années plus tard, Gokmen fait une nouvelle tentative. Il rejoint ses parents qui sont restés à Paris. Cette fois, il s'est mieux préparé. Avant de partir, il a lu des livres pour savoir comment vivent les Français. C'est surtout la langue qui lui pose les plus gros problèmes. En Turquie, Gokmen était un bon élève, mais à Paris, il est obligé de beaucoup travailler pour ne pas redoubler sa classe. Heureusement, ses copains l'aident beaucoup. Ils le corrigent quand il fait des fautes. Avec eux, il apprend plus qu'avec ses professeurs qui n'ont pas le temps de l'aider. Gokmen explique que ce n'est pas facile d'échapper aux moqueries quand on ne sait pas parler correctement, mais il ajoute qu'on ne lui a jamais fait de remarques racistes.

Quand on lui demande d'expliquer ce qu'est un immigré, il répond: «C'est quelqu'un qui n'a pas la nationalité française». En ce qui le concerne, il ne se sent pas immigré. Il a les pieds en France et le cœur en Turquie. Il se sent plus riche parce que, pour lui, sa double culture est un atout supplémentaire, et surtout, elle lui donne envie de connaître d'autres pays. Comme ses copains, il aime les films d'aventure et d'action, et la musique de Michael Jackson. Quand on lui demande s'il est heureux, il répond que oui, mais après ses examens, il retournera vivre en Turquie où il travaillera comme traducteur pour touristes étrangers.

Vocabulaire
12: la tentative: Versuch
12: rejoindre qn: *hier:* zurückkehren zu jmdm.
16: redoubler: die Klasse wiederholen
19: la moquerie: Spott
19: échapper: *hier:* entgehen
25: l'atout (m.): *hier:* Vorteil

Questions

1. Racontez les deux tentatives de Gokmen pour vivre à Paris. 5 P
2. D'après le texte, que veut dire Gokmen quand il explique qu'il a «les pieds en France et le cœur en Turquie»? 3 P
3. Selon vous, à quoi peut servir d'apprendre une langue étrangère? 4 P

Version

Les cyclistes en danger

En 1992, 348 cyclistes, dont 87 enfants, sont morts en France par accident, et des milliers ont été blessés. A qui la faute? Aux automobilistes? Au manque de pistes cyclables?

Ce sont les voitures qui représentent le plus grand danger pour les cyclistes. En ville, les deux tiers des accidents de vélo sont causés par des voitures. La moitié des cyclistes pensent qu'ils mettent leur vie en danger en circulant en ville. Les automobilistes roulent trop près des vélos, ils les dépassent trop vite et ils ne font pas attention en ouvrant leur portière.

Mais souvent, les cyclistes sont eux-mêmes responsables des accidents parce qu'ils gênent la circulation en roulant n'importe comment. Si chacun faisait un effort au lieu de se croire tout permis, il y aurait moins d'accidents.

Vocabulaire

2: la piste cyclable: Radfahrweg
10: gêner: *hier:* behindern
11: au lieu de ...: anstatt ... zu

Übungsaufgabe 12

Les bistrots vont mal

En France, les bistrots font depuis toujours partie de la vie des gens. On y prend son café au lait en lisant son journal avant d'aller au travail, on s'y retrouve entre amis pour discuter, on connaît le patron. Bref, pendant très longtemps, les bistrots ont été un lieu privilégié de rencontres et d'échanges.

Pourtant, depuis quelques années, les choses ont changé. Ces cafés sont en crise. En dix ans, plus de 30 000 cafés ont dû fermer. Près de la moitié des Français n'y vont jamais. C'est dans les villages et dans les petites villes de province que les cafés ont le plus de mal à exister. Les gens quittent la campagne pour aller vivre en ville et les cafés disparaissent peu à peu des villages.

Pourquoi autant de bistrots sont-ils obligés de fermer? Il y a plusieurs raisons à cela. La première est la concurrence que leur font d'autres endroits qui, comme eux, proposent des sandwichs et des boissons en boîte. Ce sont les croissanteries, les boulangeries, les commerces de restauration rapide.

Ensuite, les gens ont changé leur mode de vie. Il ont moins d'argent à dépenser en sorties et ils préfèrent se retrouver à la maison, entre copains, pour discuter, jouer aux cartes ou regarder un match de foot ou de tennis à la télévision. Mais il y a aussi une autre raison. Beaucoup de cafetiers le disent: Les cafés ont perdu leur âme. Ils se ressemblent tous, ils sont froids, inconfortables et parfois sales. Le service n'est pas sympa, les prix sont trop chers et ce que l'on vous offre n'est pas toujours bon. Le patron reste derrière son comptoir et dit à peine bonjour. Bref, beaucoup de bistrots n'offrent plus l'ambiance et la chaleur d'autrefois.

Les cafetiers qui veulent sauver leurs bistrots sont prêts à faire des efforts pour retrouver leurs clients. Ils pensent qu'ils doivent les écouter, leur offrir une cuisine bonne et pas chère, et surtout redonner une âme aux cafés d'aujourd'hui pour que les gens s'y sentent vraiment bien. Les Français auront alors envie d'y revenir!

Vocabulaire
1: le bistrot: un petit café modeste
13: les commerces de restauration rapide (m. pl.): Schnellimbiss-Ketten
18: l'âme (f.): Seele
21: l'ambiance (f.): Atmosphäre

Questions

1. En vous référant aux deux premiers paragraphes, montrez ce qui a changé dans la situation des bistrots en France. 3 P

2. D'après le texte, pour quelles raisons les Français vont-ils moins souvent au café? 5 P

3. Que pensez-vous de la restauration rapide? 4 P
Quels en sont les avantages et les désavantages?

Version

Les jeunes et la mode

Faire partie d'un groupe, c'est un besoin nécessaire et naturel, surtout quand on est jeune.

S'habiller à la mode est un bon moyen de se sentir appartenir à un groupe. Les commerçants de la mode l'ont bien compris. Pour eux, les jeunes sont de bons consommateurs disposant d'argent de poche, et ils veulent en profiter au maximum. Ils vendent leurs produits très cher, souvent trop cher pour beaucoup de jeunes. Ceux qui n'ont pas les moyens de s'offrir les vêtements à la mode se sentent moins bien que les autres. Ils se créent un problème en dépensant trop d'argent ou ils sont déçus de ne pas pouvoir s'habiller comme tout le monde. Heureusement le look n'est pas tout et on ne peut pas juger quelqu'un seulement sur son aspect extérieur.

Vocabulaire

4: les commerçants de la mode: Modebranche
5: disposer de qc: über etwas verfügen
9: être déçu, -e: enttäuscht sein

Lösungsvorschläge

Lösungsvorschlag 1

Questions

1. *Selon l'auteur, quelle différence y a-t-il entre les colonies de vacances d'hier et les centres de vacances d'aujourd'hui?*

   Les centres de vacances d'aujourd'hui sont très différents des colonies de vacances d'autrefois. Avant, les colonies ressemblaient à des institutions militaires, et c'étaient surtout les enfants pauvres qui y passaient leurs vacances. Les enfants dormaient dans de grandes salles qui n'étaient pas très agréables et les moniteurs les réveillaient avec un sifflet. Aujourd'hui, les enfants et leurs parents sont contents du programme des centres de vacances. Ces centres proposent des activités très variées comme le sport ou des ateliers de photo, d'informatique et autres. Les jeunes, surtout s'ils ont plus de 14 ans, sont plus libres qu'avant. Les enfants ne doivent plus se lever tous les jours à la même heure. On a remplacé les moniteurs par des animateurs qui s'occupent des activités.

2. *D'après le texte, pourquoi certains parents envoient-ils leurs enfants dans un centre de vacances et pourquoi d'autres ne le font-ils pas?*

   Les parents qui envoient leurs enfants dans un centre sont satisfaits du programme de vacances. Ce sont des enfants des villes qui vont à la mer ou à la campagne. Ils le font aussi parce que la mère travaille ou parce qu'elle a beaucoup d'enfants et qu'elle ne peut pas s'occuper d'eux pendant les vacances.
   Ceux qui n'envoient pas leurs enfants dans les centres pensent que ces centres sont encore comme les colonies d'autrefois et qu'ils sont réservés aux enfants pauvres. Il y a aussi des parents qui préfèrent passer les vacances en famille parce que c'est moins cher.

3. *A votre avis, quel intérêt y a-t-il à prendre part à un échange franco-allemand?*

   Un échange franco-allemand présente beaucoup d'intérêt surtout quand on apprend une des deux langues à l'école. Il est certainement plus agréable d'apprendre à parler une langue étrangère sur place, avec un ami, que dans un livre en classe. On apprend plus vite, plus facilement, et les notes sont meilleures.

On a aussi la chance de découvrir un pays et des gens que l'on ne connaît pas. Il est intéressant de voir comment «les autres» vivent, de comparer nos problèmes. En apprenant à se connaître, on apprend aussi à se comprendre et à s'entendre.

Version

Warum Zeitung lesen?

Vor der Erfindung des Fernsehens erfuhr der Leser von einem Ereignis durch die Zeitung. Sie berichtete über alles, was im Leben geschah, auf nationaler und internationaler Ebene. Bevor es Fernsehen gab, kaufte man sich eine Zeitung, um informiert zu sein.
Heute übernimmt das elektronische Bild die Rolle des Informanten. Es ermöglicht uns, auf dem Bildschirm die Weltereignisse genau in dem Moment zu verfolgen, in dem sie stattfinden. Vor dem Erscheinen der Zeitung ist der Fernsehzuschauer schon über alles, was passiert, auf dem Laufenden. Er wird nur dann eine Zeitung kaufen, wenn diese es ihm ermöglicht, mehr zu erfahren und vor allem, wenn sie ihm die Möglichkeit gibt, das Ereignis zu analysieren, es zu verstehen und seine Bedeutung zu erfassen.
Kurz, die Rolle der Zeitung ist nicht mehr, zu berichten was ist, sondern es zu erklären und zu kommentieren.

Lösungsvorschlag 2

Questions

1. *Quelles sont, d'après le texte, les raisons pour lesquelles tant de Français, jeunes et vieux, fument?*

   Personne ne peut dire exactement pourquoi tant de gens fument. Beaucoup de fumeurs disent qu'ils fument pour combattre le stress. D'autres disent que la cigarette les rassure. Il y a aussi des adultes qui expliquent qu'ils fument pour oublier leurs problèmes. En ce qui concerne les jeunes, ils fument leur première cigarette pour faire comme tout le monde et pour être intégrés dans la société. Certains jeunes fument parce que leurs copains fument. On leur offre une cigarette, puis une deuxième. Ensuite, ils achètent eux-mêmes des cigarettes pour les offrir à leurs amis.

2. *Quels sont les effets négatifs du tabac décrits dans le texte?*

   La cigarette est très dangereuse pour la santé, elle tue beaucoup de monde, au moins 50 000 personnes par an en France.
   Elle fait dépenser beaucoup d'argent, parce qu'elle coûte cher, trop cher pour beaucoup de jeunes. Les jeunes qui sont en contact avec des fumeurs ne peuvent pas facilement résister à la cigarette et ils deviennent dépendants eux aussi.
   Le tabac pollue l'air et il dérange les non-fumeurs. Les personnes qui fument gênent les gens qui sont à côté d'elles. Finalement il faut dire que les malades à cause du tabac coûtent très cher à la sécurité sociale.

3. *Fumeurs et non-fumeurs. Comment régler le conflit (en famille, au travail, en public ...)?*

   Pour quelqu'un qui ne fume pas, il est très difficile de supporter les fumeurs, et les fumeurs sont dépendants de la cigarette, ils en ont besoin. Cela crée des conflits difficiles à régler.
   Chacun doit faire un effort. Quand ils veulent fumer une cigarette, les fumeurs peuvent sortir dehors pour ne pas déranger leur famille, leurs amis ou leurs collègues. On peut interdire de fumer en public, dans les écoles ou dans les restaurants, par exemple, et réserver des salles pour les fumeurs. Au travail,

on peut proposer aux fumeurs de faire une pause de quelques minutes pour aller fumer sans gêner les autres.
En ce qui concerne les non-fumeurs, ils doivent essayer de comprendre qu'il est très difficile d'arrêter de fumer quand on est dépendant, et de ne pas fumer quand on a envie d'une cigarette. La meilleure solution au conflit est de rester loin des fumeurs quand c'est possible.

Version

Das deutsch-französische Jugendwerk und die deutsch-französische Freundschaft

Seit 25 Jahren bietet das deutsch-französische Jugendwerk tausenden jungen Deutschen und Franzosen die Möglichkeit, an gemeinsamen Unternehmungen teilzuhaben. Um an diesen Begegnungen teilzunehmen, ist es nicht unbedingt notwendig, die Sprache des Nachbarn zu sprechen. Die Austauschaktionen sind vor allem dazu da, die Distanz zwischen den beiden Ländern zu verringern.
Vor 25 Jahren war es nicht ganz einfach, eine Verständigungsbasis zu finden. Man sagte: „Suchen wir die Bereiche aus, in denen wir uns verstehen, und lassen alle anderen beiseite." Heute diskutieren die Franzosen und die Deutschen fast über alles, was manchmal neue Konflikte schaffen kann. Aber indem sie miteinander reden, wird ihnen bewusst, dass sie im selben Boot sitzen. Je mehr sie feststellen, dass sie die selben politischen und wirtschaftlichen Probleme haben, desto lebhafter werden die Diskussionen.

Lösungsvorschlag 3

Questions

1. *D'après le texte, pour quelles raisons les jeunes Français aiment-ils leur famille?*

   Les jeunes Français ont beaucoup de raisons d'aimer leur famille. Ils ont des parents ouverts et tolérants qui essaient de les comprendre et qui trouvent important de bien s'entendre avec leurs enfants. Pour les jeunes, il est bien agréable d'avoir une famille qui discute de leurs problèmes, qui leur donne la nourriture, le logement, l'argent de poche et qui en plus paie les sorties et les vacances. En général, ils aiment l'ambiance dans la famille parce qu'ils peuvent communiquer avec des personnes qui les aiment et qui les écoutent. Pour eux, la famille est un refuge synonyme de confort, de sécurité et d'affection.

2. *De quels problèmes, grands et petits, parle l'auteur?*

   Les petits problèmes dont parle l'auteur ne sont pas très importants. Les jeunes et leurs parents ne sont pas toujours d'accord sur l'argent de poche, mais ils trouvent toujours une solution. Quand ils discutent ensemble, les jeunes voudraient parler des relations entre garçons et filles, et ils pensent que les parents ne s'intéressent pas assez à ce sujet.
   Le problème que pose l'autonomie des jeunes est un peu plus grave. Quand les parents sont trop «papa-poule», les enfants n'apprennent pas à se débrouiller, ils ne savent pas vivre seuls et ils deviennent dépendants de leurs parents. Enfin les parents ne se rendent pas toujours compte que leurs jeunes ne sont plus des enfants.

3. *Est-il préférable de partir en vacances avec les parents ou avec les copains? Pourquoi?*

   Beaucoup de jeunes préfèrent partir avec leurs copains. Ils pensent être plus libres. Ils peuvent choisir le lieu où ils veulent passer leurs vacances. Ils peuvent se lever et se coucher à l'heure qu'ils veulent, choisir ce qu'ils ont envie de manger. Ils ne sont pas obligés de suivre la famille pour visiter des sites touristiques qui, souvent, ne leur plaisent pas. Ils peuvent peut-être pratiquer plus facilement le sport qui leur plaît. Il n'y a pas de conflit sur le programme

des vacances comme cela arrive souvent quand les jeunes et les parents partent ensemble.
Pourtant les vacances avec les parents offrent parfois des avantages. C'est sans doute plus confortable d'habiter dans un hôtel ou dans un appartement de vacances avec la famille qui s'occupe des repas et du ménage. Partir seul coûte souvent plus cher et à quoi sert la liberté quand on n'a pas assez d'argent de poche?

Version

Ein Klassenzimmer in der Fabrik

Schüler ein Unternehmen besichtigen zu lassen ist eine Sache, an die man gewohnt ist, aber eine Klasse für eine Woche in einer Fabrik unterzubringen, das ist neu.
Die Peugeot-Werke in Mühlhausen waren die ersten, die diesen Versuch unternommen haben. Das Unternehmen hat einige Tage lang all seine Einrichtungen den Schülern und ihren Lehrern zur Verfügung gestellt und danach lag es an ihnen, zu entscheiden, was sie in dieser Woche sehen und machen wollten. Die Angestellten waren toll: sie haben es verstanden, sich auf die Kinder einzustellen, indem sie ihnen einfach ihre Arbeit erklärt haben. Was die Jugendlichen angeht, so waren sie begeistert, nachdem sie gesehen hatten, wie eine große Fabrik funktioniert. Sie haben schneller begriffen, weil die Dinge greifbar wurden.

Lösungsvorschlag 4

Questions

1. *Relevez dans le texte les raisons pour lesquelles les élèves ne lisent plus.*

   Les élèves donnent plusieurs raisons pour expliquer pourquoi ils ne lisent plus.
   D'abord, ils disent qu'ils n'ont pas le temps de lire parce que leur emploi du temps est trop chargé. Ensuite, ils disent que les gros livres classiques leur font peur parce qu'ils pensent qu'ils n'auront pas le courage de les lire entièrement. Les titres qu'ils voient sur les livres ne leur donnent pas envie de les acheter. Souvent, ils ne savent pas quel livre choisir.

2. *Quels conseils le magazine donne-t-il à ses jeunes lecteurs?*

   Le premier conseil que le magazine donne à ses lecteurs, c'est de prendre le temps de lire.
   Il faut programmer un temps de lecture dans son emploi du temps, l'inscrire dans son agenda et s'y tenir fermement, car, en lisant, on apprend à aimer la lecture. Ensuite il faut aussi prendre le temps de choisir ses livres. Pour cela, on peut aller dans les bibliothèques ou regarder les livres de ses parents ou de ses amis. Il y a des librairies agréables où on a envie de passer son temps à regarder les livres et à choisir ceux qui peuvent vous intéresser. Il est très important de n'acheter que les livres que l'on peut comprendre, et si un passage n'est pas intéressant, on peut toujours sauter quelques pages. Il faut chercher et trouver le livre qui vous fera aimer la lecture.

3. *Préférez-vous lire un livre ou regarder la télévision? Pourquoi?*

   Les deux activités ont leurs avantages et leurs inconvénients.
   Regarder la télévision est une activité plus passive que la lecture. On reçoit à la fois les images et le son. Si le programme n'est pas intéressant, on peut choisir une autre chaîne. Mais le téléspectateur ne peut pas choisir le moment où il va regarder son émission préférée. Par contre, il peut voir à la télévision des images vraies qu'il ne peut pas voir ailleurs.
   Quand on a un bon livre, on peut le lire où on veut et quand on veut. On peut le relire aussi souvent qu'on en a envie. Lire un livre laisse aussi beaucoup de place à l'imagination. Cependant, la lecture est un loisir qui demande du

temps. Beaucoup de gens disent qu'ils ont besoin de lire quelques pages tous les soirs avant de pouvoir dormir. L'idéal est d'avoir assez de temps pour ces deux activités qui sont complémentaires et toutes les deux nécessaires à la vie culturelle.

Version

Das Leben in den Vororten

François Mitterrand hat neue Maßnahmen vorgeschlagen, um das Leben in den Vororten angenehmer zu machen. Diese Maßnahmen sind notwendig geworden, denn das Leben in den Vierteln, die die Großstädte umgeben, ist hart. Die Gewalt ist überall. Die Jugendlichen, die kein Freizeitzentrum haben, um sich zu treffen, langweilen sich. Der Mangel an Geschäften, Sportplätzen und Grünanlagen macht das Vorstadtgebiet noch trauriger und eintöniger.
Der Präsident hat entschieden, dass man all dies ändern müsse. Er hat erklärt, dass die Jugendlichen an der Erneuerung ihrer Wohnsiedlung teilnehmen sollten, indem sie Ideen einbringen. Schließlich will er auch, dass sich Unternehmen in diesen Vierteln niederlassen, um Arbeitsplätze zu schaffen.
Das alles wird gemacht werden müssen, wenn man den Vororten ein anderes Gesicht geben will, nämlich das einer Wohnsiedlung, in der man Lust hat zu leben.

Lösungsvorschlag 5

Questions

1. *Quelles sont, d'après le texte, les habitudes des Français en ce qui concerne leurs vacances? Quelles en sont les conséquences?*

   50 % des Français ont l'habitude de partir en vacances chaque année. Comme lieu de vacances, ils choisissent d'aller dans la famille ou chez des amis, de louer un appartement de vacances. De plus en plus de Français choisissent de faire du camping.
   En général, ils partent tous à la même date, en juillet et surtout en août à cause des vacances scolaires des enfants et parce que les grandes entreprises françaises ferment au mois d'août.
   Ces habitudes posent des problèmes parce que les touristes sont trop nombreux sur les lieux touristiques. Il n'y a plus de place dans les hôtels, dans les résidences de vacances, sur les terrains de camping. Les trains et les avions sont pleins, les plages sont surpeuplées. Une des conséquences est aussi la hausse des prix pendant l'été.

2. *Qu'est-ce qu'on apprend dans ce texte sur les touristes étrangers?*

   Beaucoup de touristes étrangers, environ 14 millions chaque année, viennent visiter la France, mais au contraire des Français, ils étalent leurs vacances d'avril à octobre.
   Paris est le lieu touristique préféré des étrangers. En second lieu, ils vont sur la côte d'Azur, et enfin sur la côte atlantique.

3. *Comment les jeunes Allemands peuvent-ils passer leurs vacances en France? Quelle possibilité choisiriez-vous? Pourquoi?*

   Pour les jeunes Allemands qui veulent passer leurs vacances en France, il y a plusieurs possibilités. Ils peuvent partir avec leurs parents dans un hôtel, un appartement ou sur un terrain de camping. Ils peuvent aussi partir avec des amis, des jeunes de leur âge, habiter dans des auberges de jeunesse, visiter le pays en bicyclette ou même à pied.
   Les jeunes Allemands ont aussi la possibilité de participer à des échanges scolaires, d'habiter dans une famille française, de prendre part à la vie de leurs correspondants.

Enfin pour ceux qui ont envie de gagner un peu d'argent pendant les vacances, ils peuvent travailler dans un centre de vacances en France ou dans le tourisme. Ils ont ainsi l'occasion de découvrir le pays, d'apprendre la langue et de gagner de l'argent de poche.

Version

Das wahre Paris

Viele Pariser sagen gern, dass es zwar ein touristisches Paris gebe, aber dass das wahre Paris ganz anders sei. Während der Spaziergang die Frauen oft in das neunte Arrondissement führt, das durch seine großen Kaufhäuser gekennzeichnet ist, gehen die Männer hingegen lieber am linken Seineufer spazieren, das für sie das Zentrum des kulturellen Lebens darstellt.
Wenn es nicht ausschließlich um das Paris geht, das sie kennen, sondern um den Teil von Paris, den sie lieben und wo sie gerne wohnen wollen, dann bevorzugen die Pariser das historische Zentrum. Nur die Jugendlichen zeigen Interesse daran, das neue Paris zu erforschen, nämlich das der Außenbezirke. Was sie dabei anzieht, ist das rege Leben bestimmter Viertel, ein dörflicher Aspekt und die Möglichkeit dort leichter eine Wohnung zu finden, deren Miete nicht zu hoch ist.

Lösungsvorschlag 6

Questions

1. *D'après le texte, pour quelles raisons les «rurbains» ont-ils choisi cette façon de vivre?*

   Les «rurbains» ont choisi d'aller habiter à la campagne parce qu'ils trouvent que Paris est trop pollué, et que la vie y est trop chère, surtout les loyers des appartements. Ils recherchent l'air pur, une meilleure qualité de vie et une bonne santé. A la campagne, ils ont la possibilité de trouver une maison confortable à un prix raisonnable. Mais ils ne veulent pas perdre les avantages qu'offre la vie dans une grande ville. Ils veulent continuer à profiter de la vie culturelle de Paris et de son marché du travail. C'est la raison pour laquelle ils continuent à venir travailler tous les jours dans la capitale.

2. *Quels sont, selon l'auteur du texte, les avantages et les inconvénients du train?*

   Pour les personnes qui habitent loin de leur lieu de travail, comme les «rurbains» par exemple, le train offre un avantage très important. C'est un moyen de transport très rapide. Les gens peuvent habiter à 200 km de Paris, avec le T.G.V. il leur faut moins d'une heure pour arriver au centre de Paris. Pourtant voyager en train présente aussi des inconvénients. Les horaires des trains ne correspondent pas toujours à ceux des voyageurs, et quand il y a des grèves, ils sont coincés et ils ne peuvent pas aller travailler. Un autre désavantage est le prix du billet qui est encore bien cher.

3. *Que pensez-vous des avantages et des désavantages de la vie à la campagne pour les jeunes?*

   La vie à la campagne est certainement plus saine pour les jeunes parce que l'air y est moins pollué. Ils peuvent y pratiquer plus facilement certains sports comme la bicyclette par exemple, les promenades dans la nature, avoir un jardin et quelquefois des animaux s'ils les aiment.
   En ce qui concerne les loisirs, il y a des désavantages à vivre loin d'une grande ville. La vie culturelle à la campagne est moins riche, il y a moins de musées, de cinémas, de cafés, et souvent les jeunes s'ennuient parce qu'il n'y a pas de distractions pour eux. Pour aller à l'école ils doivent souvent prendre le bus, et

la formation professionnelle est moins facile dans une petite commune rurale que dans une grande ville. Pour trouver du travail à la campagne, c'est de plus en plus difficile et souvent les jeunes sont obligés de partir.

Version

Reisen bildet

Immer öfter haben die französischen und deutschen Schüler die Möglichkeit, beiderseits des Rheins zu reisen, was ihnen Gelegenheit gibt, sich besser kennen zu lernen. Diese Reisen tragen zu ihrer Bildung bei, weil sie ihnen ermöglichen, ihre Unterschiede zu entdecken und schätzen zu lernen.

Das Erste, das die Franzosen überrascht, wenn sie Deutschland besuchen, ist, dass sie dort Einwanderern mit mehr oder weniger dunkler Hautfarbe begegnen, wo sie doch glaubten, dass sich nur Frankreich mit dem Einwanderungsproblem auseinandersetzen müsse.

Der zweite Eindruck betrifft die Sprache. Christine, eine 17-jährige Französin, findet, dass die deutsche Sprache, so wie man sie in der Schule lernt, eine tote und oft langweilige Sprache sei.

In Deutschland dagegen ist die Umgangssprache aus dem Mund der jungen Deutschen lebendig, fröhlich und schön.

Lösungsvorschlag 7

Questions

1. *D'après le texte, qu'est-ce que l'école offre aux élèves en plus du travail scolaire? Référez-vous au paragraphe 2.*

   L'école est un lieu où les élèves créent des projets qu'ils réalisent avec leurs professeurs.
   C'est aussi à l'école que les jeunes ont l'occasion de faire connaissance avec d'autres élèves qui deviennent des amis, quelquefois pour toute la vie. Ils y rencontrent aussi des jeunes qui viennent de pays étrangers, de race et de culture différentes. Sans l'école, les élèves n'auraient peut-être pas l'occasion de vivre tous les jours avec des Chinois, des Noirs, des musulmans. Ils découvrent des cultures, des religions qu'ils ne connaissaient pas, ils apprennent à respecter la différence, ils s'ouvrent l'esprit et n'ont plus de préjugés racistes.

2. *En vous référant au paragraphe 3, dites comment l'école française peut venir en aide aux élèves qui ont des problèmes.*

   Dans les écoles françaises, il y a plusieurs personnes qui peuvent venir en aide aux élèves quand ils ont des problèmes. Quand ce n'est pas trop grave, ils peuvent en parler à leurs amis ou leurs professeurs et plus facilement à des surveillants qui sont jeunes comme eux et qui peuvent les comprendre.
   Quand ils sont malades, les élèves vont voir l'infirmière de l'école. Elle les soigne et si la maladie est sérieuse, elle en parle avec un médecin.
   Pour les élèves qui ont des problèmes personnels importants, par exemple avec leur famille, il y a une assistante sociale qui les écoute et qui les aide à trouver une solution.

3. *A votre avis, le lycée allemand est-il seulement un lieu de travail ou offre-t-il quelque chose de plus? Parlez de vos expériences personnelles.*

   Comme le lycée français, le lycée allemand est pour les élèves un endroit où on peut faire beaucoup de choses en plus du travail scolaire.
   On y rencontre des amis avec qui on peut discuter et faire des projets. On peut y pratiquer des activités comme le sport, le théâtre et la musique par exemple.
   On peut participer à des échanges scolaires et rencontrer des élèves étrangers.

Les classes font souvent des excursions avec leurs professeurs et c'est une occasion de mieux se connaître, et surtout de se voir ailleurs que dans la salle de classe.
Dans certains lycées allemands, les élèves choisissent des professeurs à qui ils peuvent se confier et parler de leurs problèmes. Ces professeurs les aident en leur donnant des conseils.

Version

Fußgängerparadies Straßburg

Um die Umweltverschmutzung und die Staus einzudämmen, beabsichtigt der Bürgermeister von Straßburg seit 15 Jahren, ein Stadtzentrum nur für Fußgänger zu schaffen.
Dieses Projekt wird heute Wirklichkeit. Seit kurzem ist die Stadtmitte für Autos verboten. Straßburg ist die erste Großstadt Frankreichs, die ihr Stadtzentrum für Autos sperrt. Nachdem sie schon die Erste war, die die Autofahrer gezwungen hat, in der Stadt nicht schneller als 50 Stundenkilometer zu fahren, versucht Straßburg heute, die Gewohnheiten der Leute zu ändern, indem sie sie dazu anhält, die öffentlichen Verkehrsmittel zu benutzen.
Aber die Geschäftsleute der Innenstadt protestieren. Sie sind nicht einverstanden, weil sie fürchten, Kunden zu verlieren. Dennoch – wenn er gelingt, wird der Versuch der Stadt Straßburg bestimmt andere französische Städte dazu anregen, ihrem Beispiel zu folgen.

Lösungsvorschlag 8

Questions

1. *Expliquez, en vous référant au premier paragraphe, en quoi les habitudes des téléspectateurs français ont changé.*

   Les Français regardent de moins en moins la télé. Il y a cinq ans, ils la regardaient en moyenne une demi-heure de plus par jour. En un an, plus d'un million de téléspectateurs, jeunes ou vieux ont quitté leur téléviseur pour faire autre chose. Ils n'aiment plus les programmes qu'on leur propose. Les enfants ne regardent plus les bandes dessinées et leurs parents s'intéressent moins aux feuilletons et aux émissions sur le sport. Les personnes âgées trouvent qu'il y a trop de publicité à la télé et elles détestent cela.

2. *Selon l'auteur, par quoi les Français ont-ils remplacé la télé? Pourquoi?*

   Les gens qui regardent moins ou ne regardent plus la télé ont plus de temps pour leurs loisirs.
   Ils peuvent faire du sport, du yoga par exemple, ou faire des promenades dans les parcs quand il fait beau temps. Ils ont le temps de lire des livres ou d'aller au cinéma et au restaurant. Mais surtout ils peuvent passer plus de temps avec leurs amis et avec leur famille. Ils peuvent parler avec leurs enfants, s'intéresser à leurs problèmes qui sont plus importants que ceux des héros des films de la télévision.

3. *Que pensez-vous des avantages qu'offre la télévision?*

   La télévision offre beaucoup d'avantages en ce qui concerne les informations, la variété des programmes et le confort d'utilisation.
   Pour les informations, les actualités télévisées offrent des images que les journaux ne peuvent pas montrer. Les nombreuses chaînes permettent aux téléspectateurs de choisir dans un programme très varié les émissions ou les films qu'ils ont envie de regarder.
   Il n'est plus nécessaire de sortir, de prendre la voiture ou le bus pour aller voir un spectacle ou un film. On peut s'installer confortablement dans un fauteuil de la salle de séjour et manger ou boire en regardant la télévision. On peut aussi enregistrer une émission ou un film que l'on pourra voir ou revoir plus tard quand on en aura envie.

Version

Das Wasser in Gefahr

Wer ist der schlimmste Feind des Wassers? Das ist bestimmt der Mensch. Er verschmutzt die Flüsse und die Seen, indem er Abfälle ins Wasser wirft. Wenn man an das Problem der Verschmutzung denkt, die durch die chemischen Produkte verursacht wird, bekommt man wirklich Angst. Dennoch verschwendet jeder von uns Wasser, ohne sich dessen immer bewusst zu sein. Wir haben zum Beispiel die Angewohnheit, das Wasser laufen zu lassen, wenn wir uns die Zähne putzen. Wenn wir ein Glas Wasser füllen würden, um uns den Mund auszuspülen, würden wir schon viel weniger Wasser vergeuden.

Man muss Regeln aufstellen, die alle Länder respektieren müssten, um das Trinkwasser zu retten. Wenn wir uns von nun an alle bemühen, weniger zu verschmutzen und zu verschwenden, wird es uns vielleicht gelingen, das Wasser zu retten.

Lösungsvorschlag 9

Questions

1. *Pour quelle raison l'abbé Pierre lance-t-il son appel à la radio? Comment les Français réagissent-ils? (paragraphes 1 et 2)*

   Pendant un hiver très froid de l'année 1954, une femme qui n'avait plus de logement est morte de froid dans la rue. L'abbé Pierre a lancé un appel à la radio pour que tous les Français apprennent ce qui s'était passé et pour leur demander d'aider les pauvres et les sans-abri.
   En entendant cet appel, les Français ont été surpris et bouleversés. Tout le monde a réagi tout de suite en envoyant à l'abbé Pierre des paquets en masse, des vêtements et beaucoup d'argent.

2. *Que savez-vous, d'après le texte, des «compagnons d'Emmaüs»?*

   Les compagnons d'Emmaüs sont une communauté fondée par l'abbé Pierre. Cette communauté regroupe plus de 4 000 personnes, des hommes et des femmes qui travaillent ensemble pour aider les plus pauvres et lutter contre la misère. Ils récupèrent des objets jetés qu'ils revendent pour gagner de l'argent. Avec cet argent ils ouvrent des centres d'accueil et des foyers pour loger les sans-abri. Pour rester libres, ils n'acceptent pas l'aide de l'État français. Ils ne sont pas payés pour leur travail. Ils sont logés et nourris et on leur donne 150 francs par semaine comme argent de poche.

3. *A votre avis, pourquoi y a-t-il un si grand nombre de pauvres dans nos sociétés riches?*

   Le nombre des pauvres augmente chaque année dans nos pays riches. Il y a plusieurs raisons qui expliquent cette misère. La raison principale de la pauvreté est sans doute le chômage. Pour gagner encore plus d'argent, les entreprises remplacent les hommes par des machines. Les gens âgés perdent leur emploi, les jeunes ne trouvent pas de travail.
   L'immigration est aussi une cause de pauvreté dans la société d'aujourd'hui. Beaucoup d'immigrés vivent longtemps dans la misère avant de trouver du travail et un logement. Enfin, la situation familiale est souvent la raison pour laquelle les gens ont des problèmes. De plus en plus de femmes vivent seules avec leurs enfants.

Version

Die Zentralisierung

Seit Jahrhunderten ist Paris die Hauptstadt eines zentralisierten Frankreich. Man findet dort nicht nur die Staatsorgane, sondern auch die großen Unternehmen, die gezwungen sind, dort ihre Büros zu haben, um existieren zu können. Schon unter Ludwig dem XIV. war jedes Dorf der Kontrolle des Staates unterworfen. Noch vor wenigen Jahren war es so, dass ein Provinzunternehmen, wenn es eine Straße für seine neue Fabrik brauchte, keinerlei Möglichkeit hatte, seine Pläne verwirklicht zu sehen, wenn es nicht in der Hauptstadt präsent war. Aus diesem Grund haben Unternehmen wie Michelin und Peugeot, die ihre Fabriken in der Provinz haben, ihren Firmensitz immer in Paris.

Alle sind sich einig, dass sie die Dezentralisierung wollen, aber keiner will sie für seine Schule, sein Museum, seine Arbeitsstelle. Dezentralisierung? Ja, aber für die anderen. Und wie das Lied schon sagt, Paris wird immer Paris sein.

Lösungsvorschlag 10

Questions

1. *D'après les paragraphes 1, 2 et 3 de ce texte, qu'est-ce qui explique la fatigue des jeunes aujourd'hui?*

   D'après l'auteur, il y a beaucoup de choses qui fatiguent les enfants d'aujourd'hui. Les médecins ont remarqué que les enfants ne dorment pas assez. Leurs journées sont trop longues et trop chargées. Les jeunes veulent avoir trop d'activités. Ensuite, il y a la pression de l'école, les professeurs donnent trop de devoirs à faire après les cours.
   C'est surtout le mode de vie des jeunes qui explique leur fatigue. Ils n'ont pas une vie assez régulière et ils regardent trop la télévision qui est souvent la grande responsable de cette situation.

2. *Montrez en vous référant au texte ce qui a changé dans la vie des enfants depuis le début du siècle?*

   La vie des enfants d'aujourd'hui est plus confortable. Ils sont mieux habillés, ils n'ont pas froid en hiver, leur nourriture est meilleure et ils ne sont plus obligés d'aller à l'école à pied.
   Mais cette vie a aussi des aspects négatifs. Quand ils arrivent à l'école le matin, les élèves qui ont pris le bus sont plus fatigués et moins bien réveillés que les enfants du début du siècle. Autrefois, la fatigue des enfants était une fatigue physique, aujourd'hui, c'est aussi une fatigue nerveuse.

3. *Les activités en dehors de l'école sont-elles plutôt un stress ou du plaisir?*

   En principe, les activités que l'on a en dehors de l'école devraient être un plaisir, surtout si ce sont des activités que l'on a choisies pour occuper son temps libre.
   Après le travail scolaire, il est souvent nécessaire de se reposer, d'oublier les problèmes de l'école pour penser à autre chose et faire ce que l'on aime. Il est donc important de bien choisir ses occupations. Les jeunes ont aujourd'hui beaucoup de possibilités pour se distraire, et c'est souvent la raison pour laquelle le temps des loisirs devient un stress. Quand on veut faire trop de choses, on se fatigue. Certains sports sont stressants quand on les pratique mal, ou quand on ne sait pas mesurer ses forces.

Même les activités que l'on fait pour gagner un peu d'argent de poche ou pour aider la famille et les amis peuvent faire plaisir (quelquefois). En tout cas, il faut éviter, quand c'est possible, les activités qui sont stressantes.

Version

Die Franzosen und ihre Zeitungen

Die Franzosen sind ihren Zeitungen treu. Eine Umfrage hat gezeigt, dass 54 Prozent regelmäßig eine Tageszeitung lesen, sei es beim Frühstück, im Bus oder in der Metro, während der Mittagspause oder am Abend zu Hause. Sie verbringen im Durchschnitt 30 Minuten täglich mit Zeitung lesen.

Man stellt fest, dass sich die regionale Presse mit 20 Millionen treuen Lesern, unter denen genau so viele Frauen wie Männer sind, gut hält im Vergleich mit der nationalen Presse, die ihrerseits nur acht Millionen regelmäßige Leser zählt.

„L'équipe", eine Zeitung, die ausschließlich Sportnachrichten bringt, ist die bevorzugte Lektüre der Franzosen. Warum? Das ist ganz einfach. Veränderungen in einer Fußballmannschaft und die Spielergebnisse sind weniger beängstigende Nachrichten als jene, die tagtäglich in den Tageszeitungen erscheinen: Kriege, Katastrophen, Arbeitslosigkeit ...

Lösungsvorschlag 11

Questions

1. *Racontez les deux tentatives de Gokmen pour vivre à Paris.*

   La première fois que Gokmen a essayé de vivre à Paris, il avait cinq ans. Il ne connaissait rien de la France, il ne parlait pas français. Comme il n'allait pas à l'école, il n'avait pas d'amis pour jouer avec lui et il s'ennuyait. Il était malheureux et il est rentré en Turquie.
   Pour la deuxième tentative, Gokmen s'est bien préparé avant de partir à Paris. Il a lu des livres pour mieux connaître la vie en France. A l'école, il a fait connaissance avec des copains qui l'ont bien aidé. Avec ses amis, il a appris la langue française. Il a eu quelques problèmes parce qu'il ne parlait pas correctement, mais il n'a pas été confronté au racisme.

2. *Que veut dire Gokmen quand il explique qu'il a «les pieds en France et le cœur en Turquie»?*

   En disant qu'il a «les pieds en France et le cœur en Turquie», Gokmen veut dire qu'il est obligé de vivre en France mais qu'il continue à aimer et à préférer son pays qu'il n'oublie pas.
   Même s'il se sent plus riche parce qu'il a la chance de vivre avec deux cultures, il reste très attaché à la Turquie et à ses origines. Quand il aura fini ses études à Paris, il rentrera chez lui dans le pays de son cœur.

3. *Selon vous, à quoi peut servir d'apprendre une langue étrangère?*

   A notre époque, il est de plus en plus important d'apprendre une langue étrangère. Pour le travail, les loisirs, pour s'informer, pour communiquer, on a toujours besoin à un moment ou à un autre de s'exprimer dans une autre langue.
   Les jeunes qui veulent faire des échanges scolaires, rencontrer et connaître d'autres jeunes étrangers doivent savoir parler une ou plusieurs langues étrangères.
   Pour les voyages, il est très intéressant de connaître la langue du pays que l'on visite.
   En ce qui concerne les loisirs, il est parfois bien agréable de lire un livre ou de voir un film en version originale.

Pour beaucoup de gens, c'est dans la vie professionnelle que les langues étrangères sont les plus importantes. Pour pouvoir travailler dans une grande entreprise internationale ou dans l'industrie du tourisme par exemple, il est souvent nécessaire de parler plusieurs langues, et cela vous donne sûrement plus de chance de trouver un emploi dans ces domaines.

Version

Radfahrer in Gefahr

Im Jahr 1992 sind in Frankreich 348 Radfahrer, darunter 87 Kinder, tödlich verunglückt und Tausende sind verletzt worden. Wem soll man die Schuld geben? Den Autofahrern? Den fehlenden Radwegen?
Die Autos stellen die größte Gefahr für die Radfahrer dar. In der Stadt werden zwei Drittel der Radunfälle durch Autos verursacht. Die Hälfte der Radfahrer glauben, dass sie ihr Leben gefährden, wenn sie in der Stadt fahren. Die Autofahrer fahren zu dicht an den Fahrrädern vorbei, sie überholen sie zu schnell, und sie passen nicht auf, wenn sie ihre Wagentür öffnen.
Aber oft sind die Radfahrer selbst für die Unfälle verantwortlich, weil sie den Verkehr behindern, indem sie fahren wie es ihnen passt. Wenn sich jeder bemühen würde anstatt zu glauben, sich alles erlauben zu können, gäbe es weniger Unfälle.

Lösungsvorschlag 12

Questions

1. *En vous référant aux deux premiers paragraphes, montrez ce qui a changé dans la situation des bistrots en France.*

   Autrefois, les Français aimaient aller au bistrot. Ils y allaient souvent pour y retrouver leurs amis et pour parler de tout, pour échanger des idées dans une ambiance chaude et agréable.
   Pourtant, depuis quelques années, les gens vont moins au café et beaucoup de bistrots ont fermé. C'est surtout à la campagne et dans les petits villages que les bistrots sont en crise, parce que beaucoup de gens quittent la campagne pour aller habiter dans les grandes villes.
   Les villages se vident et les cafés perdent leurs clients.

2. *D'après le texte, pour quelles raisons les Français vont-ils moins souvent au café?*

   Les Français vont moins souvent au café parce qu'ils trouvent dans d'autres endroits comme les boulangeries ou les commerces de restauration rapide les boissons et les sandwichs qu'ils prenaient dans les bistrots autrefois. Aujourd'hui, beaucoup de gens sont moins riches et ils préfèrent rester à la maison avec leurs amis pour regarder la télévision. Ensuite, les gens ne trouvent plus dans les bistrots l'ambiance sympathique d'autrefois, ils ne s'y sentent plus comme à la maison. Les cafés sont devenus froids et même parfois sales. Souvent le patron ne connaît pas ses clients, il ne leur parle pas. Les prix sont trop élevés et les produits qu'on y sert ne plaisent pas toujours aux consommateurs.

3. *Que pensez-vous de la restauration rapide? Quels en sont les avantages et les désavantages?*

   Exemple 1:
   J'aime beaucoup la restauration rapide. Elle est bon marché, et comme je n'ai pas beaucoup d'argent de poche, je peux quand même aller manger avec mes amis quand j'en ai envie. Les plats qu'on nous offre dans ce type de restaurant sont très bons et c'est tout à fait ce que nous aimons manger, mes copains et

moi. Ce sont surtout les jeunes qui fréquentent ces restaurants et c'est bien agréable de pouvoir se retrouver entre nous.

Exemple 2:
En ce qui me concerne, je n'aime pas trop la restauration rapide. Je trouve que la nourriture qu'on nous y sert n'est pas très variée, et surtout qu'elle n'est pas très bonne pour la santé. Je préfère, quand c'est possible, aller dans un bon restaurant pour apprendre à connaître la bonne cuisine, mais malheureusement, les bons restaurants sont souvent trop chers pour les jeunes.

Version

Die Jugend und die Mode

Zu einer Gruppe zu gehören ist ein notwendiges und natürliches Bedürfnis, vor allem wenn man jung ist. Sich nach der Mode zu kleiden, ist ein gutes Mittel, sich einer Gruppe zugehörig zu fühlen. Die Modebranche hat das sehr wohl verstanden. Die jungen Leute sind für sie Verbraucher, die über Taschengeld verfügen, und davon wollen sie bestmöglich profitieren. Sie verkaufen ihre Produkte sehr teuer, oft zu teuer für viele Jugendliche. Diejenigen, die nicht die finanziellen Mittel haben, um sich modische Kleidung leisten zu können, fühlen sich nicht so gut wie die anderen. Sie schaffen sich ein Problem, indem sie zu viel Geld ausgeben oder sie sind enttäuscht, dass sie sich nicht wie alle anziehen können. Zum Glück ist das Aussehen nicht alles, und man kann jemanden nicht nur nach seinem äußeren Erscheinungsbild beurteilen.

Ihre Meinung ist uns wichtig!

Ihre Anregungen sind uns immer willkommen.
Bitte informieren Sie uns mit diesem Schein über Ihre Verbesserungsvorschläge!

Titel-Nr.		

Bitte hier abtrennen

Die echten Hilfen zum Lernen ...

Zutreffendes bitte ankreuzen!

Die Absenderin/der Absender ist:

- ☐ Lehrer/in
- ☐ Fachbetreuer/in
  Fächer: ______
- ☐ Seminarlehrer/in
  Fächer: ______
- ☐ Regierungsfachberater/in
  Fächer: ______
- ☐ Oberstufenbetreuer/in
- ☐ Schulleiter/in
- ☐ Referendar/in, Termin 2. Staatsexamen: ______
- ☐ Leiter/in Lehrerbibliothek
- ☐ Leiter/in Schülerbibliothek
- ☐ Sekretariat
- ☐ Eltern
- ☐ Schüler/in, Klasse: ______
- ☐ Sonstiges: ______

Unterrichtsfächer: (Bei Lehrkräften!)

______

12-V1M

Bitte ausfüllen und im frankierten Umschlag an uns einsenden. Für Fensterkuverts geeignet.

STARK Verlag
Postfach 1852
85318 Freising

Kennen Sie Ihre Kundennummer?
Bitte hier eintragen.

Absender (Bitte in Druckbuchstaben!)

Name/Vorname ______

Straße/Nr. ______

PLZ/Ort ______

Telefon privat für Rückfragen ______ Geburtsjahr ______

E-Mail-Adresse ______

Schule/Schulstempel (Bitte immer angeben!)

Bitte hier abtrennen

Sicher durch alle Klassen!

Lernerfolg durch selbstständiges Üben zu Hause! Die von Fachlehrern entwickelten Trainingsbände enthalten alle nötigen Fakten und jede Menge praxiserprobte Übungen mit schülergerechten Lösungen.

Mathematik

Mathematik – Übertritt ins Gymnasium	Best.-Nr. 90001
Mathematik 5. Klasse	Best.-Nr. 90005
Mathematik 6. Klasse	Best.-Nr. 90006
Bruchzahlen und Dezimalbrüche	Best.-Nr. 900061
Algebra 7. Klasse	Best.-Nr. 90011
Geometrie 7. Klasse	Best.-Nr. 90021
Algebra 8. Klasse	Best.-Nr. 90012
Lineare Gleichungssysteme	Best.-Nr. 900122
Geometrie 8. Klasse	Best.-Nr. 90022
Bayerischer Mathematik-Test 9. Klasse	Best.-Nr. 90015
Algebra 9. Klasse	Best.-Nr. 90013
Geometrie 9. Klasse	Best.-Nr. 90023
Mathematik – Zentrale Klassenarbeit Baden-Württemberg	Best.-Nr. 80001
Satzgruppe des Pythagoras	Best.-Nr. 900232
Algebra 10. Klasse	Best.-Nr. 90014
Potenzen und Potenzfunktionen	Best.-Nr. 900141
Geometrie 10. Klasse	Best.-Nr. 90024
Rechnen mit dem TI-83 Plus Sek. I	Best.-Nr. 91409
Wiederholung Algebra	Best.-Nr. 92402

Französisch

Französisch – Zentrale Klassenarbeit Baden-Württemberg	Best.-Nr. 80501
Rechtschreibung und Diktat 1./2. Lernjahr mit 2CDs	Best.-Nr. 905501
Wortschatzübung Mittelstufe	Best.-Nr. 94510

Deutsch

Deutsch – Übertritt in weiterführende Schulen mit CD	Best.-Nr. 994402
Aufsatz 5./6. Klasse	Best.-Nr. 90401
Aufsatz 7./8. Klasse	Best.-Nr. 90403
Grammatik und Stil 7./8. Klasse	Best.-Nr. 90407
Deutsch – Rechtschreibung 5.–10. Klasse	Best.-Nr. 90402
Aufsatz 9./10. Klasse	Best.-Nr. 90404
Deutsch – Zentrale Klassenarbeit Baden-Württemberg	Best.-Nr. 80402
Lexikon zur Kinder- und Jugendliteratur	Best.-Nr. 93443

Latein

Übungen für das erste Lateinjahr 5./7. Klasse	Best.-Nr. 94606
Kurzgrammatik	Best.-Nr. 94601
Wortkunde	Best.-Nr. 94603

Ratgeber für Schüler

Richtig Lernen Tipps und Lernstrategien – Unterstufe	Best.-Nr. 10481
Richtig Lernen Tipps und Lernstrategien – Mittelstufe	Best.-Nr. 10482

(Bitte blättern Sie um)